DE L'EXTINCTION

DE LA

DETTE PUBLIQUE

ET DU

BILLET DE BANQUE A INTÉRÊT

DE L'EXTINCTION

DE LA

DETTE PUBLIQUE

ET DU

BILLET DE BANQUE A INTÉRÊT

Clichy. — Impr. de Maurice Loignon et Cie, rue du Bac-d'Asnières, 12.

DE L'EXTINCTION

DE LA

DETTE PUBLIQUE

ET DU

BILLET DE BANQUE

PORTANT INTÉRÊT

PAR

ARTHUR SABATIER

> Le crédit n'est complétement organisé pour remplir son objet, qui est de distribuer les capitaux de la manière la plus favorable à leur accroissement, que s'il mène de front :
> Le perfectionnement des titres de placement ;
> Le perfectionnement des titres de circulation.
>
> (RÉORGANISATION DU SYSTÈME DES BANQUES. Pag. 114.)

PARIS

GUILLAUMIN ET Cie, LIBRAIRES

ÉDITEURS DU JOURNAL DES ÉCONOMISTES
DE LA COLLECTION DES PRINCIPAUX ÉCONOMISTES, DU DICTIONNAIRE DE COMMERCE
ET DES MARCHANDISES, ETC., ETC.

Rue de Richelieu, 14

1864

TABLE DES MATIÈRES

DE L'EXTINCTION

DE LA

DETTE PUBLIQUE

ET DU

BILLET DE BANQUE

PORTANT INTÉRÊT

> Le crédit n'est complétement organisé pour remplir son objet, qui est de distribuer les capitaux de la manière la plus favorable à leur accroissement, que s'il mène de front :
> Le perfectionnement des titres de placement ;
> Le perfectionnement des titres de circulation ;
>
> (RÉORGANISATION DU SYSTÈME DES BANQUES, pag. 114.)

CHAPITRE PREMIER

CONSIDÉRATIONS GÉNÉRALES

La Dette publique constitue un chapitre spécial de nos budgets, et l'on comprend aisément que son règlement et les opérations auxquelles elle donne lieu puissent être isolément pratiqués. Le but de cet écrit tendrait, sans la détacher du Ministère des Finances à en faire le motif d'une institution nouvelle qui existe déjà en partie et que nous nommerons : *Caisse d'émission et d'amortissement.*

Cette institution aurait une action libre, indépendante, elle serait en relations avec le Trésor par un compte courant réglé tous les mois, sous la surveillance du Ministre des finances, contrôlée directement par la Cour des comptes, et soumise enfin à l'examen sévère d'une Commission des finances nommée et choisie parmi les membres de nos assemblées. Son but, nous en avons la conviction, serait de relever d'abord le crédit de l'État et d'amener peu à peu l'extinction totale de nos charges publiques.

Lorsque l'on jette un regard sur le prix courant des fonds français, l'on est frappé de leurs bas cours. Les ressources augmentent, la richesse générale est quadruplée depuis quinze ans, la production se développe, les revenus indirects accusent toujours des accroissements considérables, les impôts directs se paient en grande partie par anticipation et la somme des frais de perception se réduit de plus en plus; malgré cela, la Rente française, le 3 0/0, expression suprême du Crédit public, reste toujours d'une lourdeur désespérante et, relativement aux fonds anglais, dans un état d'infériorité presque déshonorant.

Cette anomalie a pour causes : des théories économiques mal conçues et mal appliquées, un vice dans l'organisation des banques, et la concurrence faite aux fonds publics par d'autres fonds très-importants consacrés et garantis par l'État lui même.

Quoi qu'il en soit, cet état de choses est fâcheux, et il deviendrait funeste dans des circonstances difficiles, en ce que le Crédit public serait terriblement frappé dans les moments où il aurait surtout besoin d'être vigoureusement soutenu. Tout le monde le sent, tout le monde s'en plaint, excepté les rentiers, qui retirent en toute sécurité plus de revenus de leurs capitaux et qui en maintiennent le loyer à un prix élevé; mais le 3 0/0 baisse, et des mesures tendant à le relever, comme la conversion opérée par M. Fould, n'aboutissent qu'à le faire baisser davantage.

Les vices de notre système économique proviennent en grande partie de la tournure de notre esprit, toujours porté à construire des théories systématiques ayant pour base des principes mal définis ou incomplétement envisagés. Il est plus facile de combiner un système entier que d'étudier les raisons de son existence et de se rendre bien compte des faits qui peuvent soit l'étayer, soit le détruire. Approfondir une contradiction exige un travail sérieux et pénible qui peut quelquefois amener la chute de tout l'échafaudage. Avouer son erreur est difficile, voir crouler sa création est douloureux; nous aimons mieux, en ce cas, tourner l'obstacle, et, sous prétexte de foi absolue en notre principe, devenir radicalement exclusifs, et rejeter sans examen toute chose contradictoire.

En Politique, allant de l'autorité à la liberté; en Économie, de la réglementation au laisser-faire; passant d'un extrême à l'autre, voulant tout par l'un et avec l'un, ou bien tout par l'autre et avec l'autre, nous ne recherchons jamais si, entre ces principes en apparence opposés, il n'existe pas certains points communs. Nous ne nous appliquons jamais à découvrir un terrain d'application sur lequel ils pourraient se mouvoir sans antagonisme, et exercer simultanément et harmoniquement leurs actions diverses dans des fonctions différentes. Cette recherche serait cependant le moyen de trouver la loi de leur union organique. Cette loi doit exister, et ces deux principes doivent être également vrais, puisque tour à tour ils ont eu leur raison d'être et que les faits sont venus les justifier, tous les deux, en les appliquant tantôt l'un, tantôt l'autre.

Ce langage des faits venant contredire le radicalisme des théories, a amené la partie calme de la nation à essayer d'une espèce de système mixte, au moyen duquel, sous prétexte de concilier, l'on amalgame deux contradictions, l'on agence et l'on combine ensemble dans les mêmes fonctions deux principes opposés. La grande science consiste à les maintenir en équilibre par des concessions à l'un et à l'autre. Cet état dure tant bien que mal jusqu'à ce que, par un motif quelconque, la balance penchant trop d'un côté, il arrive une réaction inévitable.

En Économie, seul sujet dont nous ayons à nous occuper, ce système mixte engendre un malaise permanent et général. Malgré les progrès que nous avons obtenus par le fait du temps et de la force des choses, nous sommes enveloppés d'un vague immense ; il nous est impossible de prévoir et de formuler logiquement le but vers lequel nous tendons, le résultat normal de nos actes. Nous sentons instinctivement qu'il nous manque une boussole; que nos institutions économiques sont excellentes, mais sans cohésion entre elles; que, dans leur fonctionnement, elles sont trop fortes et trop faibles; que le principe de réglementation, dans certains cas, est trop relâché, dans d'autres, trop prépondérant; que celui de liberté n'est pas dans son jeu naturel; que l'action individuelle est souvent gênée par l'action gouvernementale; que celle-ci n'est pas assez aidée par l'initiative personnelle; et nous ne cherchons pas les moyens de faire cesser cet état fâcheux duquel il résulte une indécision pénible et des crises périodiques.

A qui la faute?... Voilà encore un des plus grands malheurs de notre temps. Il est impossible de répondre nettement à cette question. Les attributions sont si peu déterminées et si confondues que l'on ne peut exactement appliquer la grande loi de responsabilité à celui auquel elle incombe.

Quant à nous, repoussant toute théorie exclusive, reconnaissant la déplorable nullité de cet éclectisme conciliateur qui n'est au fond que de l'égoïsme déguisé, nous pensons qu'au lieu de diviser des principes en apparence contradictoires, il vaut mieux les unir le plus fortement possible. Au lieu de prendre de l'un et de l'autre, il faut prendre tout l'un et tout l'autre; mais il faut avoir bien soin de déterminer leurs fonctions respectives. Une fois cette détermination bien établie, il faut donner à chacun en ce qui le concerne, la puissance la plus étendue et la liberté la plus grande, pour qu'il puisse exercer complétement son action partout où elle est utile et indiquée.

Unir le principe gouvernemental au principe individuel dans la poursuite d'un même résultat alors que les deux actions sont nécessaires, ne veut pas dire : faire que le Gouvernement agisse gouvernementalement comme particulier, ni que le Particulier agisse particulièrement comme gouvernement. Cela signifie : action gouvernementale dans les fonctions gouvernementales, s'exerçant, dans la poursuite du même but, en même temps que l'action particulière dans les fonctions particulières.

Dans nos institutions économiques, cela n'a pas eu lieu.

Il en est résulté,

En matière de Banques :

Que la fonction essentiellement gouvernementale de l'émission, c'est-à-dire le droit de battre monnaie, droit souverain au premier chef, a été abandonné par l'État à des particuliers.

Et contrairement, que le droit essentiellement privé, dans une entreprise commerciale, de choisir le chef de la maison de commerce, a été usurpé par l'État sur les fonctions de la Banque de France. Le gouverneur de la Banque est, en effet, nommé par le Gouvernement, et il est plus qu'un surveillant administratif, il exerce effectivement la fonction de chef directeur s'occupant d'opérations et d'escompte, fonctions entièrement privées.

En matière de Chemins de fer :

L'État abandonne le droit souverain d'expropriation pour cause d'utilité publique à des particuliers, qui sous prétexte d'un service public à établir, ne font, en somme, qu'une affaire industrielle.

Les propriétaires troublés, ne considérant que la spéculation, se font chèrement payer l'emplacement sur lequel sera établi ce service public qui doit les surenrichir, après lequel ils ont soupiré de tous leurs vœux, qu'ils ont réclamé par la voix de tous leurs conseils, pour lequel ils ont entassé enquêtes sur enquêtes, mémoires sur mémoires, pétitions sur pétitions. Il serait bien à désirer, que, par une loi sur l'expropriation pour cause d'utilité publique modifiée dans le sens de la justice, l'on obligeât ceux qui doivent retirer de ces établissements des bénéfices permanents de toute sorte, à supporter au moins les charges de l'emplacement.

L'État, sollicité de toutes parts, oblige les compagnies à donner de l'extension à une industrie privée qu'elles ne sont plus maîtresses de diriger et de limiter ; par contre, l'extension forcée devenant de plus en plus coûteuse et de moins en moins rémunératrice, les compagnies demandent à l'État la garantie de leurs obligations, un *endossement*, acte essentiellement privé.

L'État devient ainsi, à propos d'un service public, subordonné à la justesse ou à l'erreur de calculs industriels, à la bonne ou à la mauvaise gestion d'une entreprise particulière, et, obligé, si une crise arrive, pour empêcher que le service public ne sombre, de se charger de la suite des affaires d'un industriel et d'assumer la conséquence de ses fautes.

Il y a dans cette série de faits des confusions de fonctions intolérables et des dangers sérieux.

Dans un autre ordre d'idées :

La constitution des compagnies anonymes pour l'établissement des travaux d'utilité publique et l'exploitation des services de circulation générale, a amené, par suite même de la nécessité d'améliorer et de simplifier, le système des fusions qui a produit une banque unique, et réduit à six le nombre des compagnies de chemins de fer, nombre qui se réduira peut-être encore. Quelque grands que soient les progrès réalisés par cette unité d'action, qui voudra soutenir que la Banque avec ses succursales, son papier-monnaie, sa clientèle ; que les Chemins de fer, avec leurs domaines, leurs budgets, leurs emprunts, leurs armées de fonctionnaires, leurs pouvoirs exécutifs et leurs assemblées générales, ne dépassent pas les bornes d'une entreprise privée quoique collective ; que ces sociétés ne constituent pas dans l'État d'autres états parfaitement organisés, très-puissants comme force et comme influence, pouvant, par cela même, devenir, à un moment donné, exigeants avec chances de réussite ?

Loin de nous l'intention d'attaquer le principe d'anonymat en vertu duquel les compagnies sont constituées. C'est à ce principe, à lui seul, que nous devons tous les grands progrès réalisés, et c'est par lui que s'accompliront ceux que l'avenir renferme. Mais en obligeant les sociétés à faire tantôt des actes privés, tantôt des actes gouvernementaux, l'on a été forcément amené à créer de grands vassaux auxquels il a fallu attribuer une puissance ultrà-particulière et presque gouvernementale.

Ces sociétés tiennent de l'État : l'une, le droit de battre une monnaie circulante, privilégiée, avec puissance entière d'obtenir le cours forcé, en temps de crise ; les autres, le droit d'établir une monnaie de crédit avec l'intérêt pour base, la garantie publique pour soutien, et le remboursement à long terme pour solution. Au moyen de cette faculté, elles traînent à leur remorque l'État, endosseur de leur papier, et elles viennent sur le marché public, c'est-à-dire devant la nation entière, offrir leurs titres à deux signatures, et faire à l'État lui-même, sur son propre terrain, une concurrence continue augmentant toujours à mesure que leurs besoins augmentent.

Le Crédit public en reçoit une rude atteinte, et si jamais une nécessité oblige à recourir à un emprunt national, à quel prix offrira-t-on? à quel taux prendra-t-on? La dette des compagnies verra l'écart entre son prix et celui des fonds publics diminuer, bientôt même elle finira par être la régulatrice du marché sérieux, ne laissant à la Rente que la clientèle de la spéculation et du jeu.

Il y a là des anomalies qui doivent disparaître, car le rôle de l'État est trop subordonné, et d'autre part, les fonctions particulières sont trop soumises à des nécessités d'ordre public.

Cette organisation a pour conséquence économique

de maintenir à un prix exagéré le loyer des capitaux, et, de donner aux capitalistes le pouvoir de perpétuer cet état de cherté en contradiction avec les progrès accomplis.

En comparant les diverses dettes, nous allons en trouver la raison.

La Rente est perpétuelle, non remboursable en capital; le service des arrérages est facile, à la portée de tous; mais le seul moyen de réalisation et de remboursement est la voie de vente sur le marché public.

La dette est contractée pour dépenses forcées soit présentes, en cas de calamités publiques, soit passées, pour la consolidation d'une dette flottante trop élevée.

Les dépenses de l'État sont toutes transformées soit en services publics comme entretien d'une armée et des divers personnels des administrations, service de la dette, etc., etc., soit en immobilisation pour travaux publics. Mais ces divers, emplois productifs d'utilité ne rapportent absolument rien comme revenus chiffrés et encaissés. Les revenus de l'État provenant des services publics productifs, comme postes, tabacs, etc., viennent tous en diminution d'impôts.

Les seuls moyens d'extinction et de réduction de la dette publique sont :

La Caisse d'amortissement actuelle;

Les augmentations d'impôt à fin d'amortissement;

Enfin les économies et les réductions dans les dépenses.

La Caisse d'amortissement est établie sur des bases incomplètes et son fonctionnement est inférieur à celui des compagnies de chemins de fer. Le rentier sait bien qu'elle existe ; mais elle ne lui offre aucun avantage direct. Il ne la voit jamais fonctionner, et, quelques résultats qu'elle obtienne, il n'en a jamais une preuve personnelle, palpable.

Les augmentations d'impôts sont toujours pénibles et mécontentent tout le monde. D'ailleurs ouvrir l'impôt pour boucher l'emprunt, cela revient à peu près au même.

Restent donc les économies et les réductions dans les dépenses. Elles sont impossibles. En effet, il est à remarquer que les besoins publics allant toujours en augmentant par le fait seul du progrès naturel, l'État, chaque année, a plus de services à rendre, plus d'exigences à satisfaire. Or, ce sont précisément ceux qui parlent le plus de dilapidations et de gaspillages, qui réclament le plus d'économies et de réductions, qui, d'un autre côté, sont toujours à demander que l'État fasse telle chose, puis telle autre; qui se plaignent de ce que l'on ne donne pas satisfaction à ceci, l'on ne se charge pas de cela, etc., etc. Si l'on peut accorder la possibilité d'économiser avec la nécessité de dépenser davantage, de faire beaucoup avec rien, l'on rendra un grand service financier. Le moyen n'a pas encore été trouvé ; qu'on le propose, et bien certainement tout le monde en usera.

Examinons maintenant la dette des compagnies.

Elle n'est pas perpétuelle, en principe ; en fait, elle

est à un terme assez éloigné pour jouir de tous les avantages de la perpétuité.

Elle se transforme en établissements ayant l'utilité publique pour objet, mais pour motif une industrie privée, collective, et, pour résultat, des revenus particuliers. Son augmentation coïncide avec une augmentation d'établissements, l'accroissement de ses charges avec une extension d'exploitation, par suite un accroissement de produits.

Son extinction s'obtient par un amortissement présenté sous forme de loterie où tout le monde gagne, ce qui le fait paraître et être en effet avantageux pour tout porteur d'obligations, tout en n'entraînant, vu le temps à courir, qu'un imperceptible supplément de charges pour la compagnie. Cet amortissement est forcé par la limite du terme de la concession; et, par un tableau mathématiquement calculé, chacun en connaît la puissance progressive. Au contraire de celui de la Caisse publique, il ne peut fonctionner qu'ouvertement, il est palpable, visible, et a lieu par remboursement exact, effectivement réalisé. Le porteur de fonds publics peut bien savoir, par l'exposé officiel des finances, que l'on a amorti certaine quantité de rentes; mais il n'en est jamais convaincu par un remboursement certain et direct. Le porteur d'obligations, consultant annuellement la liste du tirage et trouvant ses numéros sortis, va immédiatement encaisser, puis il ajoute un appoint à la somme qui lui a été remboursée, et il revient sur le marché public acheter deux obligations au lieu d'une.

Toutes ces raisons font préférer, par le placement et par l'épargne, la dette des Compagnies à celle de l'État.

Enfin pour dernière ressource, la dette productive des Compagnies se trouve garantie par l'État, et, de cette manière, elle participe du caractère de fonds public.

La dette improductive de l'État vient ainsi donner de la force à une dette productive. Il faudrait au moins que, par une organisation supérieure, la dette qui a sa production comme moyen d'amortissement, servît en même temps à amortir la dette improductive de l'État qui garantit.

En cette situation, tout l'avantage est aux capitalistes, et il n'est pas étonnant que le loyer des capitaux se maintienne à un prix très-élevé. En effet :

Sachant que les compagnies sont tenues à l'exécution de nouvelles lignes; que l'État ne peut les exonérer de cette construction parce qu'il en a d'abord besoin, et qu'il est d'ailleurs incessamment sollicité par les populations qui ont tout à y gagner ; présumant avec raison qu'après le second réseau, la force des choses en amènera un troisième, puis un quatrième; concluant dès lors, que pour couvrir toutes ces dépenses, il faudra recourir à de nouveaux emprunts; les capitalistes profitent naturellement de cette situation et maintiennent leurs services à un prix très-élevé. Les obligations ne montent pas. Quant à la Rente, elle baisse, parce que le rentier, trouvant l'obligation égale au fonds public par la garantie, supérieure à lui comme revenu et remboursement, l'abandonne peu à peu pour se poser sur l'obligation. De cette manière, l'épargne et le placement, seuls moyens de classement et de maintien dans les cours, seuls éléments de hausse solide et durable, désertant la Rente, elle n'a plus que la spéculation et le jeu pour la soutenir. La spéculation ne fait que passer et ne maintient pas; le jeu n'est pas assez fort pour porter une valeur aussi considérable, et la baisse se produit continue, persistante. Elle ne s'arrêtera que lorsque la Rente sera en équilibre avec les obligations. Il ne faut qu'un moment critique pour la précipiter à ce niveau qui, une fois établi, durera naturellement.

De là, la cherté actuelle et bientôt la cherté générale, étendue au 3 0/0, dont le cours moyen n'est que 68 francs, soit du 4 1/2 environ. C'est le bon temps pour les capitalistes qui peuvent toucher sur leurs obligations 5 0/0 de revenu et espérer 66 0/0 d'augmentation pour leur capital, sans rien faire et en toute sécurité. Ils laisseront de plus en plus les 4 1/2 0/0 de la Rente, jusqu'à ce qu'ils trouvent avantage à y rentrer ou qu'ils ne puissent faire différemment.

Ce calcul des capitalistes déjoue les calculs des financiers qui ont foi en la Rente et le Crédit public et qui se rappellent avoir vu de 1842 à 1846, alors que la France était bien moins riche et les capitaux moins nombreux, le 5 0/0 de 120 à 126 francs soit du 4 0/0 et un peu moins, et le 3 0/0 de 83 à

87 francs soit du 3,62 0/0. Ils voient dans ce fait une contradiction apparente avec le principe économique que le loyer des capitaux baisse en raison de leur abondance.

Cette contradiction apparente s'explique par la loi de l'offre et de la demande que l'on ne maîtrise pas par suite d'un vice d'organisation en matière de capitaux et de crédit, et par une insuffisance de moyens mécaniques en économie. Cette loi peut se maîtriser. En effet :

La loi de l'offre et de la demande, absolue pour la marchandise ou produit consommable, ne l'est plus autant pour les capitaux ou produits conservables.

Le produit consommable, qui n'a pour raison d'existence que la satisfaction que sa destruction procure, n'a et ne peut avoir qu'un mouvement déterminé et limité. Il va de son commencement à sa fin. Le produit, au contraire, qui doit se conserver, soit par lui-même, soit par reproduction, peut n'avoir aucune limite imposée à son mouvement. C'est le capital. Son utilité principale n'étant pas la consommation, doit, en dehors de l'usage auquel il peut momentanément servir, consister en son existence même continuée en cas d'extinction par sa reproduction. La seule espèce de consommation à laquelle il est soumis est sa fixation, son repos. Dans ce cas même, par le moyen du crédit, l'on arrive à lui imprimer un mouvement nouveau, et à le faire concourir, par représentation, à des productions nouvelles. Le caractère du mouvement des capitaux à l'aide du crédit peut donc devenir continu. C'est pour cela que l'action de la loi de l'offre et de la demande peut-être modifiée en ce qui les concerne, et rendue par suite moins absolue qu'en ce qui concerne le produit consommable à mouvement limité.

Sans entrer dans des considérations économiques sur le capital et la crédit, acceptant la définition de : *Crédit, métamorphose des capitaux fixes et stables en capitaux circulants*, que nous trouvons incomplète, et ne comprenant ni tous les capitaux ni tout le crédit; nous pensons pouvoir tirer de ce qui précède cette conclusion : que, par une bonne organisation du crédit, même ainsi entendu, l'on peut arriver à diminuer l'influence de la loi de l'offre et de la demande en matière de capitaux, en apportant perpétuellement sur le marché la quantité que le crédit permet de représenter.

Mais sur le marché en matière d'échanges et de transactions vient se présenter l'instrument intermédiaire, *la Monnaie*.

Qu'est-ce que la Monnaie? Un mécanisme, pas autre chose.

Quelle est la valeur de la monnaie? Elle n'en a aucune par elle-même.

Le droit de battre monnaie, c'est-à-dire d'attacher à un objet quelconque une détermination de valeur servant de commune mesure pour toutes les valeurs possibles, obligatoire ou en puissance de le devenir, constitue un droit régalien au premier chef et ne peut être exercé que par le dépositaire du pouvoir souverain, l'État.

En dehors de ce droit souverain officiel de battre monnaie, existe le droit conventionnel particulier, d'instituer un mécanisme conventionnel pour aider les transactions de toute sorte, n'ayant ou ne pouvant avoir, quelles que soient sa force, son utilité, son importance, aucun caractère officiel, public, obligatoire pour tous, n'engageant que ceux qui conventionnellement et volontairement en ont fait usage.

De là deux espèces de monnaie :

La monnaie officielle, obligatoire, ou monnaie légale.

La monnaie particulière, volontaire, ou monnaie fiduciaire.

La monnaie légale est la monnaie métallique ou numéraire, les métaux ayant été reconnus plus aptes que tout autre à revêtir ce caractère; en outre, est susceptible de devenir monnaie légale toute autre chose que le souverain voudra. Lorsque, ce fait se présente, c'est ordinairement le papier qui remplit cet office.

La monnaie fiduciaire est celle qui a pour base la confiance. Tout peut en tenir lieu à condition d'acceptation volontaire. Elle découle, en notre état social, du crédit ; elle consiste en titres ou écrits ramenés pour la simplification à la mesure légale, et devant généralement avoir pour solution pratique la monnaie métallique. Elle a de nos jours, pour suprême expression, le billet de banque, et peut consister en titres commerciaux et même en écritures commerciales.

Le billet de banque est monnaie fiduciaire ; en puissance, il peut devenir monnaie légale. Pour cela, il faut qu'il obtienne le cours forcé.

Par elle même, la monnaie n'a pas de valeur. La valeur de l'objet monnaie n'est pas la valeur de la monnaie, mais celle de l'objet revêtu de ce caractère ; du métal, si elle est métallique, puisqu'alors elle porte sa valeur avec elle-même ; de ce qu'elle représente, si elle est fiduciaire ; attendu que le titre fiduciaire n'est que l'affirmation d'un engagement pris de représenter quelque chose, généralement, en pratique, de représenter de la monnaie métallique en quantité déterminée.

La monnaie considérée autrement que comme mécanisme est inutile, elle n'a plus de raison d'être ; elle redevient chose, objet quelconque ayant sa valeur particulière comme objet.

Recherchant dès lors quelle est la fonction de la monnaie, nous trouvons qu'elle est simplement un mécanisme de mesure s'appliquant à tout ce qui peut devenir objet d'échange. Sa faculté, comme dans tout mécanisme de mesure, de s'appliquer à tout par sa puissance de multiplication et de division à l'infini, fait qu'en matière de valeurs, l'on peut, par son moyen, appliquer toujours cet axiome : *Deux quantités égales à une troisième sont égales entre elles.*

Plus l'on perfectionnera ce mécanisme, plus l'on facilitera les échanges.

L'école métallique en comprenant toute l'importance, avait cherché à le perfectionner en l'augmentant autant que possible; mais, en même temps, elle avait cru que la monnaie avait une valeur par elle-même, et elle en avait tiré cette conclusion, que plus un peuple a de numéraire, plus il est riche; erreur que le temps et les choses ont surabondamment démontrée !

Il existe, en effet, dans la richesse générale, autre chose que du numéraire, qui n'a pour tout avantage que sa mobilité et sa faculté de division. Il est reconnu aujourd'hui que, malgré cet avantage, il est inférieur et insuffisant. Inférieur, parce que le champ des échanges n'a pas de limites; insuffisant, parce qu'il est obligé de laisser derrière lui bien des valeurs qu'il ne peut soulever. Le crédit donnant le moyen de représenter les valeurs fixes que le numéraire ne peut atteindre, est venu suppléer à son insuffisance par la création du mécanisme ou monnaie fiduciaire, dont le but est la circulation par représentation de tous les capitaux existants et de tout ce qui est susceptible de devenir objet d'échange. Il imprime ainsi à tout ce qu'il peut toucher un mouvement nouveau, sans limites, continu, dont les résultats sont une multiplication infinie.

Plus donc l'on perfectionnera le mécanisme fiduciaire, plus l'on arrivera à de grands résultats économiques.

Ainsi s'explique le fait du loyer de l'argent, moins cher en Angleterre qu'en France. Les capitaux sont plus abondants, oui, si l'on veut; mais relativement à l'importance de la demande, ils le sont peut-être moins que chez nous. Le numéraire n'arrive pas au chiffre du nôtre; le sol est foncièrement inférieur, cependant il est mieux travaillé et plus productif; comme qualités et aptitudes naturelles, admettons que la moyenne des deux nations soit égale. D'où vient donc que les valeurs sont plus élevées comme prix? que le taux de l'escompte est moyennement toujours plus bas soit à la Banque, soit sur le marché libre? C'est que, par leur mécanisme monétaire, qu'ils nomment *Currency*, qui comprend le numéraire et le papier qui le remplace, les Anglais ont le moyen de représenter les capitaux de toute espèce, de les maintenir, par leur *Banking system*, plus disponibles, conséquemment plus abondants, et qu'ainsi ils peuvent diminuer, en faveur du travail, la rigueur de la loi de l'offre et de la demande en cette matière.

C'est encore l'explication du phénomène qui se passait en France de 1842 à 1846 présentant, pendant cette période, le loyer des capitaux moins cher avec une richesse générale moins grande. A cette époque, en effet, l'organisation monétaire de toute espèce suffisait; elle ne suffit plus aujourd'hui.

Complétant donc le raisonnement de l'école métallique, nous dirons que plus un peuple a de monnaie, *currency*, mieux cela vaut, à la condition toutefois de considérer l'activité comme la grande source de la richesse.

Cela posé, nous concluons : qu'entre deux peuples à qualités égales, aptitudes et ressources équivalentes, celui qui, par son organisation, possède le plus de choses auxquelles, soit *légalement*, soit *pratiquement*, soit *volontairement*, il *attache* ou *sait attacher* le caractère de monnaie ; que ce caractère porte sur des objets métalliques ou fiduciaires, d'une existence actuelle ou d'une réalisation différée ; celui là, possédant pour ses échanges un mécanisme supérieur, est économiquement mieux organisé et par suite plus apte à se développer et à progresser.

Établissons donc des institutions qui nous donnent plus de monnaie.

C'est ici que vient naturellement se placer la question de la monnaie fiduciaire soit générale, soit particulière et la fonction des banques.

Il est un fait que nous nous bornerons à indiquer, car comme explication il demanderait trop de développements. Le voici :

Au commencement des civilisations, les peuples poursuivent avec ardeur l'acquisition du numéraire ; mais dès qu'ils en possèdent une certaine quantité, et à mesure que les civilisations progressent, ils cherchent, au contraire, à s'en passer de plus en plus. La raison en est simple. L'or et les métaux précieux, puis les terres, ayant une valeur facilement appréciable, sont seuls, au début, considérés comme éléments de réalisation certaine. Chez les peuples plus instruits, esmétaux précieux ne sont considérés que comme marchandise utile dans certains cas, l'institution de la monnaie que comme une institution mécanique, la terre que comme un instrument de travail. Ces populations prennent en considération égale les autres marchandises, les autres mécanismes monétaires et les autres instruments de production. Pour le mécanisme monétaire, en particulier, si elles peuvent y suppléer, elles s'empressent de le faire, parce que, de cette façon, elles rendent libre la partie des métaux précieux que le mécanisme nouveau remplace, et elles en bénéficient.

C'est dans ce but qu'ont été institués les divers titres de crédit, les banques, les pratiques commerciales, et les comptabilités perfectionnées. De cette manière, l'on est arrivé à ne garder en numéraire que les quantités indispensables pour régulariser et compléter le mécanisme fiduciaire substitué.

Le Clearing House, à Londres, avec très-peu de numéraire, a liquidé en 1857 une situation s'élevant à 49 milliards de roulement, et toutes les années il continue sur une échelle aussi considérable.

Dans le mécanisme monétaire perfectionné se trouvent de nos jours, trois éléments :

La monnaie métallique, légale, à caractère général.

La monnaie fiduciaire, volontaire, à caractère particulier.

La monnaie fiduciaire, privilégiée, ayant un caractère mixte, participant du caractère général et émanant d'un particulier.

Nous démontrerons que le caractère général ne peut émaner d'un particulier, qu'il ne peut émaner que de l'État, seul représentant de la généralité ; que si l'État a renoncé à ce droit et l'a concédé, par privilége, à un particulier, c'est par une confusion de fonctions et faute de la découverte d'un élément assez répandu et assez sérieux pour remplir l'office de monnaie fiduciaire type, intermédiaire entre la monnaie légale et la monnaie particulière ;

Que le droit d'émission d'une autre monnaie fiduciaire complémentaire doit appartenir à tous et à chacun, à la condition, toutefois, que cette monnaie fiduciaire complémentaire ne soit que de second ordre et n'ait jamais l'importance ni les qualités de la monnaie fiduciaire générale émise par l'État.

L'élément sur lequel l'on pourrait appliquer le caractère général de monnaie fiduciaire est la Dette publique.

— Que l'on ne se rappelle point le système de Law ; nous n'en sommes point partisan. —

Que l'or, les métaux précieux, servent plus facilement de monnaie que tous autres objets, c'est naturel ; leurs qualités intrinsèques reconnues et admises par tous les font accepter sans discussion. Ils n'ont pas besoin de remboursement pour amener à une réalisation ; ils sont réalisation par eux-mêmes.

Que des billets de banque, une fois le crédit de la Banque établi, c'est-à-dire une fois la réalisation reconnue possible dans l'esprit de tous, circulent comme monnaie volontaire, cela se comprend ; mais qu'ils circulent comme monnaie privilégiée, tenant de ce privilége un caractère général, cela ne se comprend plus, puisqu'ils émanent d'un particulier.

Que des titres de l'État avec l'intérêt pour base puissent être revêtus du caractère général de monnaie, cela se comprendrait, puisqu'ils émanent du représentant de la généralité ; il s'agit, pour qu'ils circulent à ce titre, de les faire accepter, d'établir leur crédit, leur faculté de réalisation. Cela ne se décrète pas.

Mais cela peut s'organiser.

Si au temps de Law des essais ont dégénéré, si avec les assignats des catastrophes ont éclaté, ce n'est pas par suite d'une fausseté dans l'idée et dans le principe; mais par suite, d'abord d'erreur dans les applications, et surtout d'altération de monnaie fiduciaire par diminution du gage qu'elle affirmait. Toutefois, l'histoire est là pour nous prouver que lorsqu'un Gouvernement se permet une altération de numéraire, les mêmes phénomènes se représentent.

Tout se réduit donc à une organisation et à un contrôle. Avec nos institutions et nos moyens de contrôles divers, nous croyons que le rôle de la dette peut être agrandi et qu'elle peut revêtir le caractère de monnaie.

Si jusqu'à ce moment l'on n'a pas encore résolu cette question, c'est que l'on a confondu l'*émission*, fonction gouvernementale, avec la *négociation*, fonction commerciale privée;

Le caractère de monnaie avec le fait de remboursement.

Lorsqu'un propriétaire de lingots veut les rendre monnaie, il va les faire frapper, paie les frais, retire les pièces à l'effigie légale, et les lance dans la circulation contre équivalents. Ne pourrait-on pas trouver des personnes qui, volontairement ou par position, fussent à même d'avoir confiance en la Rente et en l'État ; qui, possédant des titres de la dette ou s'en procurant, vinssent prier l'État de les revêtir du caractère de monnaie. Une fois cette opération pratiquée et la fonction de l'État remplie, ces personnes ne pourraient-elles pas lancer dans la circulation cette rente monnayée à titre de monnaie fiduciaire, à type général venant de l'État? Elles s'engageraient, puisqu'elles la remettraient contre équivalent à la circulation, à la lui reprendre au prix de la négociation, soit à la valeur inscrite ; voilà le remboursement à vue et au porteur.

Il nous semble que ce ne serait pas plus difficile à faire que ce qui se pratique à la Banque de France, puisque, comme elle, en négociant cette rente monnayée, l'on aurait reçu un équivalent, et que la réalisation de cet équivalent donnerait ensuite provision suffisante pour rembourser à vue et au porteur la dette monnayée et négociée.

L'État devrait et payerait l'intérêt puisqu'il doit sa dette.

Il apposerait le caractère général de monnaie.

Le négociateur devrait le remboursement à vue et au porteur.

Dans cette organisation, il y aurait, en matière de monnaie fiduciaire, un terrain commun où les fonctions gouvernementales et les fonctions particulières viendraient se toucher sans se mêler et se contrôler en se complétant.

A côté de cette monnaie fiduciaire générale, et pour la compléter, serait la monnaie fiduciaire particulière, émanant, *sans privilége*, des particuliers; inférieure à celle de l'État par ses caractères, n'étant, en fait, rien autre chose que le billet de banque actuel, ne portant pas intérêt, mais par coupures obligatoirement inférieures à 100 francs.

C'est ce que nous allons exposer dans cet écrit.

Nous verrons en même temps que le caractère de monnaie étant général, que l'État ne mettant pas à profit l'élément général dont il dispose, ayant, comme service public, besoin d'un élément type de monnaie fiduciaire, a été amené à constituer un privilége exorbitant, et à s'opposer à la liberté des banques, seul moyen sérieux du développement économique d'une nation.

Quoique nous reconnaissions certains avantages aux Anglais au point de vue économique, cela ne veut pas dire qu'il faille les copier servilement. Ils ont quelques institutions que nous désirerions voir implanter chez nous; mais, d'un autre côté, nous avons des organisations qu'ils n'ont pas, qui nous donneront ce qu'ils possèdent et sont même susceptibles de nous donner bien plus encore.

Il existe, en effet, en France, des institutions financières admirables, et notre système porte en germe de bien grands progrès. Seulement, son fonctionnement général est gêné dans certains cas, dans d'autres trop laissé à lui-même. Par le fait du privilége de la Banque, il se trouve subordonné à une puissance mixte qui n'offre pas les avantages de la généralité et qui, d'autre part, ne peut être maintenue, par la concurrence, dans les limites de l'individu.

Dans nos institutions, avons-nous dit, il manque un assemblage qui unisse l'État aux citoyens, non par le chaînon bâtard d'un intermédiaire privilégié, mais directement et naturellement; qui réunisse toutes les parties de notre corps financier, laissant à chacune sa liberté entière sous l'empire de l'égalité et du droit commun. Ce moyen d'assemblage est la Dette publique qu'il faut reconstituer, non comme fonds, mais comme forme; à laquelle il faut imprimer tous les caractères qu'elle peut revêtir, et donner le moyen de satisfaire à tous les usages qui pourront réclamer son concours.

Notre intention n'est pas de chasser le numéraire, bien loin de là; mais nous désirons lui assigner sa véritable place sociale; ne faisant en cela que systématiser ce que les civilisations diverses font toutes spontanément à mesure qu'elles progressent.

Le cadre de cet écrit ne comporte pas de longs développements qui cependant seraient bien souvent nécessaires, et auxquels nous serons quelquefois obligés de toucher comme nous l'avons déjà fait. Nous allons exposer les diverses modifications que nous croyons utiles. En les examinant bien, l'on verra qu'elles ne sont que de forme et non de fonds et qu'elles ne sont pas nombreuses.

Nous indiquerons rapidement les motifs économiques sur lesquels elles reposent, les avantages financiers qui pourraient en résulter, et leur influence sur le progrès social et le bien-être du plus grand nombre.

Nous croyons que l'application de ces diverses mesures aura pour effet d'enlever la confusion qui existe aujourd'hui, en matière économique, entre les fonctions gouvernementales et les fonctions particulières; et, que cette confusion, seule cause des malaises que nous éprouvons tous, soit particuliers, soit Gouvernement, une fois enlevée, la gêne disparaîtra avec l'indécision, et la liberté sera possible ; *Sublâta causâ, tollitur effectus.*

Nous croyons pouvoir parvenir à ce but en proposant une institution nouvelle qui existe déjà en partie, mais dont nous agrandissons le domaine. Nous allons décrire les opérations qu'elle sera appelée à faire ; nous la nommons *Caisse d'émission et d'amortissement.*

CHAPITRE II

DE LA CAISSE D'ÉMISSION ET D'AMORTISSEMENT.

La première observation que nous soumettrons avant d'entrer dans l'exposition du système financier que nous allons décrire, est celle-ci :

Tous les éléments dont notre plan se compose existent aujourd'hui, mais ils fonctionnent d'une manière éparse. Il faut seulement les rassembler, les coordonner. Les modifications que nous proposons sont presque toutes d'ordre et de forme. Ce qui nous donne confiance en nos propositions, c'est qu'elles n'innovent pas.

Ainsi, nous proposerons des organisations en matière de placement et de circulation; ces organisations existent soit dans la Banque de France, soit dans les Chemins de fer.

Nous parlerons d'un amortissement officiel, périodique, par voie de tirage, il existe dans les chemins de fer; d'un amortissement par voie d'achat, il existe dans la Caisse d'amortissement actuelle.

Nous demanderons la détermination d'une annuité à payer par le Trésor; elle n'excédera pas les arrérages de la rente et la dotation de l'amortissement.

Le régime général du Trésor restera ce qu'il est aujourd'hui; il n'éprouvera de modifications qu'en ce qui concerne le règlement de la dette publique.

Cette dette est aujourd'hui une section distincte comme opérations; nous la voudrions encore plus séparée, et nous en ferions le motif de l'institution que nous proposons.

L'émission de ses inscriptions sera modifiée dans la forme; mais cette forme nouvelle sera celle pratiquée en matière de chemins de fer ou de Crédit foncier.

En un mot, nous avons cherché si ce système pouvait être appliqué sans amener un bouleversement dans les pratiques administratives, et nous n'avons trouvé à modifier que la Caisse d'amortissement actuelle, rouage secondaire du système financier existant.

Nous agrandissons le domaine de cette institution; nous lui donnons une action libre et indépendante; nous ajoutons à ses attributions l'émission; nous la chargeons du règlement de la dette dans tous ses détails et de l'extinction des engagements de l'État; nous croyons que, comme dépenses de personnel et de frais de bureau, celles qu'elle nécessitera ne seront pas supérieures à celles que nécessite la Caisse actuelle.

Comme contrôle, nous la soumettons à des inspections de toute sorte, persuadés que plus elle sera surveillée et contrôlée, plus son action sera libre et efficace.

En relation par compte courant avec le Trésor, elle se trouvera directement soumise au Ministère des finances, duquel nous n'entendons pas la détacher. Elle sera contrôlée par la Cour des comptes, et enfin sous la surveillance continuelle d'une commission des finances composée d'éléments pris parmi les membres des grands pouvoirs de l'État.

Elle sera une véritable Banque gouvernementale, sans actionnaires ni dividendes, sans courtages, escomptes, ni négociations. Elle n'exercera son action que sur des titres, ne fera ni achats avec reventes, ni ventes avec rachats; elle achètera un titre pour le détruire sous contrôle public. Elle n'aura ni actions en représentation de son existence, ni produits à distribuer; par conséquent, elle ne pourra donner lieu à l'agiotage. Par l'organisation des Bourses dans toute la France, elle pourra exercer son action partout par l'intermédiaire des Receveurs généraux et particuliers. Ses grands bénéfices seront l'extinction de la dette, l'augmentation du crédit public, l'abaissement du loyer de l'argent, c'est-à-dire la rémunération croissante du travail : bénéfices sociaux qui ne contenteraient pas des actionnaires, puisqu'ils ne peuvent se chiffrer et se traduire en dividendes; mais but que se propose tout gouvernement, résultat qu'il dispense gratis à ses administrés et dont il retire les fruits en confiance et en puissance.

La grande distribution des dividendes de cette nouvelle institution se fera avec solennité à toute la France, chaque année, le jour du brûlement des titres de la dette publique, soit que ces titres aient été amortis par voie de tirage au sort, soit qu'ils l'aient été par voie d'achat.

La Caisse d'émission et d'amortissement, comme son nom l'indique, aura deux fonctions :

L'émission des titres de la dette publique.

L'amortissement de cette dette par retrait des titres.

La dette publique se compose aujourd'hui :

D'une dette flottante ;

Du 4 1/2 0/0, du 4 0/0 et des obligations trentenaires ; — ces trois dettes, dans l'esprit de tout le monde, devant disparaître, nous les nommerons : dettes déclassées ; —

Et du 3 0/0, fonds principal.

Il s'agirait, d'après nous, de réduire toute la dette en un seul type, le 3 0/0.

Mais comme, dans l'état économique, il est deux manières d'être des valeurs :

L'état circulant et l'état fixe ;

Nous établirons la possibilité de prendre la dette fixe et de la rendre circulante en instituant une autre forme du 3 0/0 que nous nommons le 3,65 0/0, rapportant un centime par jour et pouvant servir de type de monnaie fiduciaire générale.

Par diverses combinaisons que nous allons exposer, nous convertirons toutes les dettes déclassées et nous consoliderons la dette flottante au moyen de cette nouvelle forme du 3 0/0.

Ces opérations terminées, la dette de l'État n'aura plus qu'un seul type sous deux manières d'être :

Le 3 0/0 dette générale, amortissable, valeur de placement ;

Le 3, 65 0/0 non amortissable, forme circulante du 3 0/0, sortant de lui et y retournant, type de monnaie fiduciaire générale, à base d'intérêt émise par l'État.

Nous disions plus haut :

Lorsqu'un propriétaire de lingots veut les convertir en monnaie, il va les faire frapper. Le Gouvernement appose l'estampille officielle et donne aux pièces monnayées la force obligatoire;

Voilà l'émission.

Ensuite, ce propriétaire non plus de lingots, mais de monnaie, la lance dans la circulation en échange de services équivalents ;

Voilà la négociation.

Mais par le fait de l'obligation légale, il est obligé en échange des services qu'il rend, de reprendre cette monnaie ou toute autre, puisque la circulation lui donne pour équivalent de ses services, du numéraire qu'il est obligé d'accepter.

Voilà le remboursement à vue et au porteur.

Il redevient ainsi propriétaire de lingots monnayés.

Il peut, s'il le veut, les faire redevenir lingots simples, il n'a qu'à les fondre ; mais alors il perd le *frai* et les diverses dépréciations.

La dette publique, le 3 0/0, sera le lingot qui, monnayé par l'État, deviendra le 3, 65 0/0.

Voilà l'émission.

Celui qui l'achètera monnayé à 100 francs, ou qui créancier de 3 0/0, le fera convertir en 3,65, ou qui, par position, sera tenu de l'acheter à 100 francs, comme la Banque de France a été tenue de se charger de rentes à 75 francs, se trouvera non plus créancier d'une valeur réalisable et amortissable; mais créancier possesseur d'une monnaie non réalisable, non amortissable, mais négociable.

Il en fera ce que fait de son or monnayé le propriétaire dont nous avons parlé ; il la lancera dans la circulation contre équivalents.

Voilà la négociation.

Mais comme il réalisera les équivalents que la circulation lui aura donnés, il sera tenu de rembourser à la circulation les billets qu'il lui aura livrés. Il ne devra cependant que le remboursement des billets affirmés par lui; car les billets négociés n'auront pas le cours forcé du numéraire; et il n'est et ne doit être responsable que de ses actes.

Voilà le remboursement à vue et au porteur.

Nous ne faisons qu'indiquer ici le rôle de chacune des formes du 3 0/0, nous reviendrons plus loin sur ce sujet auquel nous donnerons tous les développements nécessaires. Ce que nous en avons dit, suffisant à faire saisir le fonctionnement de nos opérations, il est inutile de nous étendre davantage.

La seconde fonction de la Caisse sera l'amortissement de la Dette publique.

Il sera de deux sortes :

Périodique, par voie de tirage public ;

Continu, par voie d'achat ;

Périodique ou officiel, parce qu'il sera effectué par remboursement au pair, par voie de tirage public, au moyen d'une somme fixe ;

Continu ou latent, parce qu'il opèrera, par voie d'achat au cours, avec des ressources indéterminées.

Chaque année, ces deux amortissements verront leurs résultats réunis, par la destruction publique des titres sur lesquels ils auront étendu leur action, de telle sorte que leurs opérations, après contrôle, seront appréciables pour tout le monde.

Comme nous l'avons dit déjà, toutes les opérations de la caisse seront soumises au contrôle le plus sérieux, et plus ce contrôle sera rigoureux, plus grands seront les résultats obtenus.

Nous allons examiner les diverses opérations pratiques qui seront dans les attributions de cette institution nouvelle.

SECTION PREMIÈRE.

De l'Émission.

En principe, le service de crédit est un service d'égal à égal. Lorsque le débat se conclut entre particulier et Gouvernement, les principes économiques sont les mêmes ; mais les lois et les pratiques diffèrent.

Quant à un service de crédit établissant un système mixte dans lequel le Gouvernement intervient entre particuliers autrement que pour faire respecter le droit commun, nous ne l'admettons pas.

Et nous soutenons :

Que tout titre privé participant, soit par des autorisations spéciales, soit par position publique, soit par une garantie gouvernementale du caractère de contrat entre particulier et particulier, avec intervention de l'État, doit disparaître,

Que si l'État doit entrer dans une combinaison quelconque, il faut qu'il y entre entièrement d'après les règles du crédit public entre particulier et État ; qu'il convertisse totalement le titre privé sur lequel il intervient en un titre public, qu'il exécute l'opération entière, laissant ensuite le particulier possesseur du titre public entièrement libre d'en disposer.

Que l'État accepte ou refuse ;

Que le particulier consente ou non ;

Voilà l'opération dans le cas d'un accord ; mais une fois l'opération conclue, que l'État d'une part, que le particulier de l'autre, prennent toutes dispositions nécessaires, chacun ayant la liberté d'action la plus absolue pour arriver au but qu'il s'est proposé.

Que, lorsqu'il s'agit de s'adresser au Crédit public, sur le marché par l'intermédiaire d'agents, officiers ministériels, l'on ne puisse opérer que sur les fonds publics émanant de l'État.

Que, par suite, au lieu de négocier des titres privés appuyés par l'État, l'on soit obligé de convertir ces titres mixtes en titres d'État en apportant les engagements privés dans la caisse de l'État, et en en retirant des équivalents en fonds publics soit des rentes 3 0/0, que l'on ira négocier au lieu de négocier des titres mixtes.

Que l'État donc devienne un banquier général de titres.

Que les créances qu'il aura ainsi obtenues soient toujours privilégiées.

En un mot, que sur le marché public du placement, il n'y ait plus que le 3 0/0 et que l'État soit le seul investi du droit d'émettre les titres de placement public, comme il devrait être seul investi du droit de battre monnaie métallique légale et monnaie fiduciaire publique principale.

Pour arriver à ces résultats, il faudrait :

Dresser un inventaire général de toutes les Dettes en 3 0/0, 4 0/0, 4 1/2 0/0, en obligations trentenaires, et fixer la dette flottante à consolider.

Déterminer ainsi le montant général de la dette publique, et le total des arrérages à payer pour le service entier qu'elle nécessite actuellement. Constituer avec cette somme une annuité payée par le trésor à la caisse d'émission au moyen d'un compte courant réglé tous les mois.

Ajouter à cette annuité une somme de 12 millions par an, payable trois millions par trimestre, pour subvenir à l'amortissement périodique dont nous avons parlé et dont nous nous occuperons en son lieu.

Une fois cela fait, installer le 3 0/0.

Organiser la Banque de titres.

§ 1er. — DU 3 POUR 100.

Il suffit d'établir des titres à souche dans la forme des obligations des chemins de fer ou du Crédit foncier, portant le chiffre de leur capital nominal par 100 francs et les multiples, et celui de l'intérêt correspondant à raison de 3 0/0.

Ces titres seraient au porteur.

L'on pourrait se procurer des bordereaux nominatifs dans la forme usitée pour les obligations des chemins de fer.

Pour les indications particulières, la pratique indiquerait toutes les formalités nécessaires.

Il en serait de même pour les transferts.

Les arrérages se paieraient comme aujourd'hui, par les mêmes fonctionnaires et aux mêmes époques.

Les bordereaux nominatifs seuls ne seraient pas payés par les percepteurs.

Les coupons au porteur seraient détachés et encaissés.

Les coupons nominatifs seraient payés par estampilles sur titres.

Les arrérages seraient prescrits par trois ans au profit de l'État.

Les rentes des établissements publics, hospices, mineurs, femmes mariées, seraient essentiellement nominatives.

Créer dans tous les chefs-lieux de département et dans toutes les villes de 20,000 âmes et au dessus des Bourses et instituer des agents de change.

Permettre la cote à terme pour 300 francs de rente et les multiples jusqu'à 1,500; les opérations se feraient par multiples de cette somme jusqu'à 15,000; au dessus de ce chiffre elles ne se feraient plus que par multiples de 3,000.

Au comptant, permission d'acheter une coupure de 3 francs de rente.

Établir des courtages proportionnels aussi peu onéreux que possible.

Multiplier ainsi les transactions en les rendant moins importantes comme chiffre, susciter la demande et la servir plus facilement par l'augmentation du nombre des marchés.

Déclarer le 3 0/0 dette amortissable, et instituer à cet effet le fonds de 12 millions dont nous avons parlé, pour amortissement officiel.

Nous ne pensons pas que ces propositions donnent lieu à des difficultés pratiques.

Nous allons maintenant examiner cette nouvelle forme du 3 0/0, le 3,65 0/0 circulant, à caractère de monnaie fiduciaire générale, au moyen duquel l'on pourra consolider la dette flottante et convertir les dettes déclassées.

Il est un autre résultat bien important que l'on obtiendra par son moyen. Ce résultat est la liberté des banques.

Ici, les difficultés commencent.

Le 3,65 0/0 est émis à 100 francs. Il prend le caractère de monnaie. Que l'on ne s'effraie pas trop, que l'on ne crie pas au papier-monnaie. Il n'aura pas plus cours forcé que les billets de banque actuels. Il leur sera cependant supérieur.

Que l'on veuille bien se donner la peine de suivre nos opérations et l'on verra qu'une fois l'émission opérée, c'est-à-dire la fonction gouvernementale remplie, l'État laissera les particuliers libres de remplir la leur aussi complétement que possible.

§ 2. — DU 3,65 POUR CENT.

Les sociétés anonymes autorisées ou à responsabilité limitée seraient obligées d'employer en 3,65 0/0 tout ou partie de leur capital suivant les cas.

Elles le prendraient au pair, avec faculté de le négocier, de le lancer dans la circulation après l'avoir endossé et s'obligeraient à le rembourser à vue et au porteur.

Toutes personnes qui voudraient s'en procurer à ces conditions, le pourraient également.

En un mot, le créancier du 3,65 0/0 l'endosserait, le négocierait et le rembourserait, ce qui revient à dire que le porteur au lieu de s'adresser au débiteur primitif, s'adresserait à l'endosseur pour être remboursé en capital.

Le débiteur primitif, l'État, devrait la rente, payable, par trimestre, à raison de 3,65 0/0 l'an, sur coupon détaché; au lieu de s'adresser à son cédant ou à l'endosseur pour l'intérêt, le porteur s'adresserait à l'État et il irait toucher aux caisses publiques.

Le billet ne serait ainsi complet que par la réunion de l'État débiteur primitif, et du négociateur endosseur.

— L'on trouvera peut-être abusif ce pouvoir de l'État de faire prendre obligatoirement son papier. Nous aurons à revenir sur ce point. —

Ainsi la dette de l'État en 3,65 0/0 rapportant un centime d'intérêt par jour, serait représentée par des billets de 1,000,500,200 et 100 francs, dernière coupure.

Les billets seraient à souche et porteraient sur une face : 1° la vignette de l'État, 2° la valeur en capital et en intérêts correspondants — 3° la teneur de l'article 139, code pénal — 4° les signatures officielles — 5° un petit calendrier indiquant la valeur d'accroissement du billet par jour écoulé — 6° toutes autres indications de lettres, de numéros, etc., que la pratique rendrait nécessaires.

A chaque billet seraient attachés des coupons en nombre suffisant. Ils seraient payables par détachement et prescriptibles par 3 ans.

Sur le revers — d'après le nouveau modèle des billets de la Banque de France — il existerait une seconde vignette avec : 1° la mention du remboursement à vue et au porteur; 2° l'estampille particulière de la maison ou établissement négociateur ; 3° les signatures des préposés de l'établissement.

Les modèles des estampilles, signatures, ainsi que des modifications qu'elles pourraient subir, seraient déposés à la Caisse d'émission et d'amortissement.

L'on comprend que pour toutes ces questions de détail, nous ne fassions qu'indiquer.

Dans la circulation, tout preneur tiendra compte à son cédant de l'accroissement obtenu au jour de l'échange du billet, et le porteur, pour rentrer dans ses avances, n'aura qu'à détacher le coupon au jour de l'échéance trimestrielle et à aller l'encaisser dans l'une des caisses publiques.

L'encaissement des coupons du 3,65 0/0 aura lieu tous les trois mois, le jour du paiement des arrérages de la dette.

La maison de banque ou la société négociatrice de 3,65 0/0 sera tenue de le rembourser à vue et au porteur.

En cas de faillite d'une maison de ce genre, le porteur se fera rembourser par l'État.

En ce cas, l'État aura le choix, ou de rembourser en numéraire soit 100 francs par 3,65 de rente; ou de rembourser en 3 0/0 *rente pour rente*, moyennant une commission de 2 francs par 3,65 de rente, soit 2 0/0. Si au jour de ce remboursement, le cours du 3 0/0 constituait le porteur en perte, il serait, pour la différence, admis par privilége dans l'actif de la faillite. Dans ce cas, la faillite ne serait pas tenue de supporter les 2 0/0 de commission.

Dans le cas où le porteur d'un billet négocié par un failli serait lui-même négociateur de billets semblables, il pourrait sans commission faire changer l'estampille du failli, et y substituer la sienne.

Toutes personnes pourront aux conditions ci-dessus se procurer du 3,65 0/0.

Les sociétés anonymes à responsabilité limitée, seront tenues d'employer ainsi une quantité de leur capital social, déterminée par une Loi générale.

Les sociétés anonymes autorisées devraient employer ainsi tout ou partie de leur capital, suivant les quantités, les temps et les modes déterminés par le Conseil d'État.

Les réserves devraient être employées en 3,65.

Le Conseil d'Etat, vérifiant et approuvant les statuts, serait à même de juger parfaitement la quantité de capital à employer ainsi, le mode et les époques de l'emploi. Quelquefois, en effet, la nature de la société et ses opérations pourraient permettre un emploi total, quelquefois un emploi partiel, un versement immédiat ou différé, ou même des versements échelonnés.

La Caisse d'émission et d'amortissement rembourserait avec les sommes reçues contre émission de 3,65 :

D'abord, la dette flottante à consolider ;

Ensuite le 4 1/2 0/0, le 4 0/0, les obligations trentenaires.

Pour cela faire, il faudrait proclamer hautement le droit de l'Etat de rembourser au pair les dettes déclassées, par voie de tirage au sort, sans époques, ni quantités fixes ; mais d'après ses ressources disponibles après publications nécessaires.

Si la forme des titres de ces dettes déclassées ne se

prête pas à ce remboursement forcé, la modifier dans ce sens.

Ces opérations terminées, il ne resterait plus, en fait de dette publique, que le 3 0/0 sous ses deux formes :

Le 3,65 circulant, non coté au marché public ;

Le 3 0/0 amortissable, dette publique, coté sur le marché.

Dans le cas où les porteurs de 3 0/0 voudraient échanger leurs titres en 3,65, accepter l'échange et l'opérer *Rente pour Rente*, moyennant un léger droit.

Dans le cas où les porteurs des diverses dettes déclassées voudraient opérer un échange semblable, échanger *Capital pour Capital*, sans droit.

§ 3. — Émissions privées.

En constituant le Crédit public et en le rendant aussi élevé que possible, nous n'avons cependant pas entendu diminuer le crédit privé. Nous nous élevons contre tout système mixte; mais nous désirons laisser à chacun toute la puissance et tout le développement possibles. Aussi, en matière de placement, demandons-nous, comme en matière de monnaie :

La fonction publique complète et unique ;

La fonction privée, appartenant à tout le monde, et l'exclusion de tout privilége ou fonction mixte.

Néanmoins, nous entendons que le Crédit public

soit toujours, comme caractère, dans ses formes essentielles, supérieur au crédit privé.

En matière de monnaie fiduciaire:

Nous admettons — mais pour tout le monde — le droit d'émettre une monnaie fiduciaire personnelle — avec, bien entendu, les formalités légales qu'il sera jugé utile d'instituer, — afin que chacun ait la latitude nécessaire pour ses affaires, sous l'obligation de remboursement à vue et au porteur; bien persuadés que l'installation de cette monnaie sera maintenue dans ses véritables limites par la praique, la concurrence, et surtout par l'existence de la monnaie fiduciaire de l'État.

Cette monnaie serait inférieure à celle de l'État, parce que d'abord elle ne porterait pas intérêt, et secondement, parce qu'elle devrait être inférieure comme coupure à 100 francs, dernière coupure des billets à rente.

Ces petites coupures sont considérées par les publicistes comme un véritable progrès. La Banque d'Angleterre, à ce que rapporte l'histoire économique, a été sauvée, lors d'une crise, par la découverte d'une caisse contenant des billets semblables. La loi a autorisé la Banque de France à en émettre, et l'on dit qu'enfin elle vient de se décider à le faire pour des coupures de 50 francs. Si la Banque de France, avec sa sagesse et sa prudence plus que proverbiales, se décide à un acte semblable, il faut qu'il soit bien sûr comme pratique; elle y a réfléchi sept ans.

Que dans ces émissions privées, l'État n'intervienne

en aucune sorte ; qu'il soit seulement gardien du droit commun, et qu'il le fasse exécuter.

En matière de placement, nous admettons à côté des émissions publiques, les émissions particulières.

Par le fait seul de l'organisation de la Banque de titres en les mains de l'État, — banque dont nous aurons à étudier le mécanisme et les résultats — tout titre obligation, émanant d'un établissement pouvant par un moyen quelconque avoir des relations avec l'État, serait obligé d'entrer dans les caisses de cette banque, et en ressortirait au moyen de titres de fonds publics livrés en échange. Par cela même, il disparaîtrait du marché, et serait remplacé par du 3 0/0.

Ainsi, en matière de placement sur le marché public, il n'y aurait plus que le 3 0/0, la Dette publique.

Mais à côté des établissements, pouvant avoir des relations avec l'État, il existe une infinité d'autres établissements inférieurs comme importance, qui sont obligés de recourir au Crédit sur le marché.

Aux affaires publiques, le marché public réglementé ;

Aux affaires privées, le marché libre.

Au marché public, par intermédiaire officiel, reconnaissance de toutes les opérations au comptant et à terme.

Au marché libre, intermédiaires libres, reconnaissance légale des opérations, au comptant seulement.

Le marché public se composerait alors des fonds publics français et étrangers et des valeurs admises à la cote officielle.

Les transactions sur toutes valeurs pourraient être faites par tout le monde; mais les agents de change, opérant sur des valeurs non cotées officiellement, n'auraient pas le bénéfice de la reconnaissance du terme et ne lieraient pas la chambre syndicale. La coulisse opérant sur les valeurs officielles ne profiterait pas de la reconnaissance du terme.

Les valeurs autres que les fonds publics français et étrangers, admises sur la cote officielle, ne pourraient être que des valeurs d'actions.

Nous avons à nous expliquer à cet égard.

Pour les fonds publics étrangers, ils sont admis à titre de réciprocité.

Quant aux actions, l'État peut toujours les admettre sans engager sa responsabilité. En effet, l'action ne représente jamais un engagement comme l'obligation. Elle est une participation toute aux risques de l'actionnaire. L'admission à la cote officielle prouve seulement l'importance de l'entreprise, rien de plus; c'est un encouragement, une facilité que l'État accorde. Pour l'obligation, c'est différent; l'obligation est une dette, elle est exacte, elle confère des droits. La reconnaître c'est en quelque sorte s'engager à en protéger et même à en aider la réalisation. Si, sur des obligations étrangères, le porteur éprouvait un déni de justice, le Gouvernement qui les aurait reconnues serait presque moralement obligé de prendre en main la cause de ses nationaux. L'État fera mieux de ne pas s'en mêler; car il n'a rien à voir dans les affaires étrangères.

Ainsi pour les valeurs de placement sur titres étrangers ou de 2e, 3e, 4e ordre, pas de cote officielle; mais le marché libre le plus étendu.

Pas de reconnaissance de terme pour tout ce qui n'est pas admis sur cette cote officielle.

Pour les valeurs qui y sont admises, les agents de change responsables des faits de charge et engageant la chambre syndicale, soit au comptant, soit à terme; en outre, obligation pour eux de donner toujours des reçus soit de titres, soit d'argent.

Reconnaissance légale du marché à terme pour les valeurs admises.

Ainsi donc toutes les opérations seraient possibles et sans entraves. Par le fait de leur traitement soit sur le marché public, soit sur le marché libre, soit en banque, il existerait bien plus de facilités qu'aujourd'hui.

Au capital à choisir.

La multiplication des marchés amènerait une clientèle plus étendue, la diminution du montant nécessaire pour la cote à terme rendrait les transactions plus nombreuses; mais il faut le reconnaître l'opération la plus sûre, la plus simple et la plus facile serait celle que l'on ferait sur le 3 0/0, la Dette publique.

Section II.

De l'amortissement.

Comme nous l'avons dit, il serait de deux sortes : l'amortissement périodique, officiel, par voie de tirage;

L'amortissement continu, latent, par voie d'achat.

La destruction des titres obtenus par ces deux moyens serait pratiquée avec tous les contrôles possibles, toutes les garanties et toutes les vérifications.

Examinons maintenant les ressources dont ces amortissements disposeraient.

Relativement à l'amortissement périodique :

Sa seule ressource serait le fonds de 12 millions versé par le Trésor à la Caisse, réparti, par trimestre, pour une somme de 3 millions de capital ou 90,000 fr. de rente.

L'on tirerait au sort 30 séries de 3,000 francs de rente, soit 100,000 francs en capital, en tout 3 millions; et, par conséquent, par an, l'on amortirait 360,000 francs de rente, soit 12 millions en capital.

Le tirage aurait lieu le jour du détachement du coupon, et le remboursement, à partir du jour de l'échéance.

Tout titre sorti au sort et non réclamé comme remboursement serait prescrit au bout de 5 ans.

La publicité la plus grande accompagnerait toutes ces opérations.

Comme on le voit, rien n'est plus simple en pratique.

Quant à l'amortissement par voie d'achat, et à ses ressources :

La Caisse achèterait, au cours, soit au comptant, soit à terme, avec obligation de lever en liquidation, tous les titres qu'elle pourrait se procurer.

Tout titre acheté devrait être détruit.

La destruction de ces titres s'opérerait en même temps, et avec les mêmes formalités que celle des titres amortis par voie de tirage.

Les ressources de cet amortissement seraient de plusieurs sortes.

— Le Trésor payant une annuité fixe et invariable, il résulterait de l'amortissement officiel de 12 millions par an, que la caisse aurait chaque année 360,000 fr. de moins à payer en arrérages. Elle achèterait du 3 0/0 avec ces sommes, et elle gagnerait encore l'intérêt à payer en moins sur les titres que ces sommes auraient rachetés et détruits.

Telle serait la première ressource de cet amortissement.

— Par la conversion en 3,65 0/0 de la dette flottante et des dettes déclassées, l'annuité du Trésor lui étant payée d'après les arrérages nécessités avant cette conversion, la caisse bénéficierait d'une différence d'intérêt, savoir :

1°	de 0,85	sur le	4 1/2 0/0	différence entre	4,50	et 3,65.
2°	» 0,35	»	4 0/0	»	4	3,65.
3°	» 0,35	»	obligations	»	4	3,65.
4°	» 0,45	»	dette flottante	»	4,10	3,65.

Nous comptons à 4,10 0/0 l'intérêt moyen de la dette flottante.

Avec ces divers bénéfices, elle achèterait encore des rentes qu'elle éteindrait et l'intérêt à payer en moins viendrait encore augmenter ses moyens d'action.

Voilà la seconde ressource de cet amortissement.

— Mais sa troisième ressource serait la plus sérieuse.

Elle proviendrait de ses bénéfices sur la Banque de titres.

En effet, toute compagnie admise à apporter ses titres privés dans la caisse de l'État et recevant égale quantité en rentes qu'elle négocie au public, devient, par cette opération, débitrice de l'État, pour une somme équivalente en rentes et en capital nominal à celle dont l'État devient débiteur vis-à-vis du public.

La compagnie paiera son intérêt à l'État par le moyen de la caisse, l'Etat paiera son intérêt aux porteurs de la rente. Il y a balance.

Lorsque la compagnie viendra se libérer du capital vis–à-vis de lui, l'État pour balancer cette libération sera obligé, avec les fonds qu'elle aura produits, de se libérer à son tour vis à vis du public. Mais d'après le contrat de la compagnie, le capital nominal devenant exigible, la libération se fera au pair; tandis que, le terme n'existant pas pour l'État en dehors de l'amortissement officiel, la libération de celui-ci s'opérera par voie d'achat au cours.

La différence entre le pair et le prix d'achat constituera le bénéfice.

Exemple — supposons une compagnie de chemins de fer empruntant à l'Etat 5 titres de 3 francs de rente soit 500 francs nominaux et 15 francs de rente. Par contre, elle lui remet une obligation de 500 francs nominaux et de 15 francs de rente.

Elle négocie les titres de l'Etat. L'Etat garde en caisse son obligation.

Elle paie son intérêt à l'Etat, celui-ci paie le sien au public.

Elle vient retirer son obligation en versant 500 fr. exigibles.

L'Etat va retirer 5 titres de 3 francs de rente par achat au cours avec les 500 francs reçus; — jusqu'ici il y a balance en titres de capital nominal et de rentes.

Mais que vaut la Rente au cours?

Si la Rente vaut 100 francs, l'Etat ne gagne rien.

Si elle vaut moins, il gagne la différence entre 100 francs et le prix d'achat.

Ces différences constitueront son bénéfice. Avec cela, il achètera encore des rentes, et il aura d'autant moins d'intérêts à payer.

Nous ferons observer que plus il y aura d'emprunteurs de cette sorte, plus la caisse fera d'opérations semblables, plus il y aura de différences touchées par l'Etat, plus donc l'on pourra amortir de rentes.

Il nous reste encore une opération à examiner, c'est la liquidation du 3,65 0/0.

Le 3,65 0/0 n'est qu'une forme du 3 0/0. Il n'est pas amortissable ; il n'est pas coté au marché. Une fois fondé, il reste 3,65 ou s'il disparaît, il ne peut le faire qu'en rentrant dans le 3 0/0. L'Etat peut bien s'en procurer et le détruire, s'il le trouve avantageux ; mais il ne peut obliger personne à être remboursé.

Il peut toutefois arriver une liquidation forcée du 3,65 0/0 par le fait du négociateur :

Ainsi, en cas de cessation volontaire de l'industrie ;

En cas de faillite du négociateur.

Dans le cas de cessation volontaire ou forcée, l'Etat a toujours le droit moyennant 2 0/0 ou par 3, 65, de rembourser 100 francs ou de donner en 3 0/0 égale somme de rentes, *à son choix*.

Si le porteur du 3,65 d'un failli reçoit des rentes et si, par le fait du cours du jour de l'échange, il se trouve en perte, il sera admis, par privilége, pour la différence, dans l'actif du failli, sans toutefois que la faillite puisse être obligée de supporter le droit de 2 0/0.

Si le porteur de ce 3,65 d'un failli est lui-même négociateur, il a la faculté, sans payer de droits, de s'approprier le billet en substituant son estampille à celle du failli.

Tel est l'exposé complet et rapide des opérations qui se pratiqueraient sur la Dette publique par l'intermédiaire de la Caisse d'émission et d'amortissement que nous proposons.

Les relations entr'elle et le Trésor sont faciles. Une fois la somme à payer chaque année pour les divers usages établie, le compte courant entr'eux est fondé, et ils restent l'un et l'autre avec leurs attributions séparées.

Le Trésor paie les arrérages et porte le montant des sommes payées au débit de la Caisse, ce qui diminue l'annuité à son crédit. Ce compte se règle tous les mois.

Le contrôle se fait par tous les moyens que la pratique indiquera, ou que les pouvoirs publics les plus soupçonneux pourront exiger. Plus il y aura de contrôle, plus ressortira l'efficacité de cette institution.

Nous allons maintenant exposer les raisons économiques, la possibilité d'exécution, et les conséquences diverses de ce système.

CHAPITRE III

DE LA DETTE PUBLIQUE

Avant d'entrer dans l'examen approfondi des diverses propositions que nous venons d'exposer, nous devons considérer ce qu'est le service de crédit.

C'est un fait de particulier à particulier, un acte personnel et libre, un débat entre deux parties égales en droit, où l'une demande, où l'autre offre, sans que l'un des contractants puisse obliger l'autre à accepter ou à refuser.

La forme de l'acte peut différer, mais c'est toujours le même fait économique. Le caractère des contractants détermine des différences quant aux pratiques et aux applications; mais il ne change rien comme théorie.

Lorsque l'acte se passe de particulier à gouvernement, c'est un acte et un service privé de personne à personne. Il est modifié, non quant au fonds économique, mais par le caractère public que possède le Gouvernement; ce caractère public résulte, non du service de crédit, mais de l'ensemble des principes généraux que le Gouvernement représente.

Or, cet ensemble de principes généraux ne doit jamais être représenté par d'autres que par lui.

Par suite de cette différence de caractère, les

formalités légales et les principes de droit entre un gouvernement, agissant gouvernementalement, et les particuliers, ne peuvent être les mêmes; les faits sont régis par des lois d'un ordre plus élevé.

Lorsque le service de crédit a lieu de particulier à particulier, il est régi par le droit commun, soit civil, soit commercial.

Que l'acte de crédit soit passé entre deux particuliers, ou un particulier et une société collective, ou entre deux sociétés collectives, n'importe; c'est toujours un acte privé.

La société collective, quelque puissante qu'elle soit, n'a et ne doit avoir rien de public comme attributions. L'autorisation d'exister n'est pas et ne peut pas être une reconnaissance de caractère gouvernemental; c'est une permission d'agglomérer des forces particulières. Que pour la constitution d'une société semblable, il faille des formalités nouvelles, cela se conçoit; mais en droit, elle n'en reste pas moins égale à un individu. Elle n'est qu'un moyen d'action plus étendu comme possibilité d'opérations, voilà tout.

Une société collective, en un mot, est une personnalité, un être nouveau dont l'acte de société enregistre l'existence.

La réunion de forces éparses permet de résister plus facilement à des prépondérances antérieurement acquises, et qui, secondées par une accumulation personnelle difficile à obtenir, voudraient installer une autocratie trop dure. La collectivité est un expédient pour faciliter l'établissement d'une concurrence, un moyen d'entreprendre des projets excédant les forces individuelles ordinaires; mais elle ne confère jamais un caractère gouvernemental.

Les opérations de crédit faites par une collectivité quelconque ne sont jamais, quelqu'importantes qu'elles soient, que des opérations privées sans caractère public.

Quelque nécessité, quelqu'utilité que présente le service de crédit en ce cas, il est toujours service privé; l'intervention gouvernementale ne fait que fausser les principes et amener des confusions.

Lorsque l'on considère la marche économique des choses, l'on est frappé de voir que plus les civilisations progressent, plus les affaires tendent à la simplification, à l'unité en ce qu'elles ont de général, en même temps qu'à une plus grande diversité en ce qu'elles ont de spécial. Il est encore à remarquer que cette unité devient d'autant plus nécessaire que la diversité s'étend davantage. Chacun demandant la liberté la plus absolue dans ses actes particuliers, recherche de plus en plus un point commun, une force dans la généralité, par suite dans l'unité qui en est la réglementation. Il désire dès lors la constitution de cette unité sur les bases les plus solides et les plus larges.

Toutes les fois que, par des organisations publiques, les gouvernements ont pu donner satisfaction à ces désirs inhérents aux civilisations grandissantes, ils ont agi dans ce sens; c'est ainsi que l'on a institué l'unité de monnaie légale et que l'on s'est résolûment engagé dans la voie de l'unification de la Dette publique, opération qui n'est plus aujourd'hui qu'une simple affaire de temps.

Mais lorsque des besoins nouveaux ont surgi dans des proportions si importantes et avec des caractères tels que l'application des forces publiques seules était impossible, et que, d'autre part, les forces privées étaient insuffisantes pour les dominer, l'on s'est trouvé en présence de difficultés sérieuses.

Investir le gouvernement amenait à un anéantissement du particulier et enlevait la force du mobile personnel. Investir le particulier aboutissait à une diversité telle que le désordre pouvait s'ensuivre. Il fallait une simplification forcée par l'importance des besoins et par la nécessité de les réglementer avec ordre et méthode.

Pour relier, dans ces affaires, les particuliers diversité à l'Etat unité, l'on a choisi un système mixte, c'est-à-dire une combinaison des forces publiques et des forces privées, et l'on a, de la sorte, obtenu l'unité recherchée. En matière de circulation, il en est résulté le billet de Banque privilégié; en matière de placement, le type des obligations 3 0/0 des chemins de fer avec la garantie de l'Etat.

Combiner les forces était utile et avantageux; mais l'on a confondu les fonctions en permettant au particulier d'exercer une fonction générale et en amenant par suite l'État à s'immiscer dans les fonctions parculières.

Comme résultat, nous avons vu que cette confusion

entraînait de la gêne pour tous et produisait de la baisse sur toutes les valeurs, par suite une surélévation du taux de l'intérêt.

Il fallait déterminer au contraire les fonctions respectives et non les confondre en organisant un moyen privé corroboré et garanti par l'État ; établir la fonction de l'État assez haut pour qu'aucune fonction particulière ne pût jamais l'égaler ; organiser cette fonction publique par un moyen social et public que l'on aurait mis à la portée de tous ; et, enfin, une fois cette organisation établie, laisser les fonctions privées agir avec tous leurs moyens privés, mais aussi courir tous les risques. Sans cela, l'État devait voir — comme cela se passe actuellement — son crédit public battu en brèche par un crédit privé endossé ; sa monnaie légale, inférieure pour les services qu'elle rend à la monnaie d'un établissement privilégié ; par suite, sa prépondérance en matière de placement et de circulation se réduire et disparaître.

Nous pensons que, de même que la monnaie métallique, la monnaie fiduciaire doit être émise par l'État ; que les titres ayant un caractère de crédit public, doivent aussi n'émaner que de lui ; que toutes les fois qu'il faudra son intervention, elle devra se produire non par un contrat entre particuliers et particuliers garantis par lui, ou par constitution de privilége, mais, par un contrat parfait entre particulier et État. Dans ce contrat, chacun donnera et recevra ce qu'il aura à donner ou à recevoir, et il tirera ensuite de sa position le parti qu'il jugera convenable ; mais chacun agira d'après les pratiques en harmonie avec les principes généraux ou privés qu'il représente.

En un mot, il faut que l'émission du numéraire, de la monnaie fiduciaire, du fonds public ou d'un titre quelconque, devant participer au Crédit public appartienne uniquement à l'État.

Que ce qui est général, ou participant du caractère général, émane de la généralité.

Que tout particulier soit absolument libre à ses risques et périls de remplir toutes les fonctions particulières.

Que tout caractère mixte disparaisse.

Les combinaisons mixtes amenant une confusion de fonctions publiques et de fonctions particulières, n'ont d'autre résultat que de donner aux particuliers des forces générales sans aucun avantage pour l'État et de donner un caractère public à ce qui est essentiellement privé.

Que l'on conçoive, en matière de circulation, la banque privée la plus solide, avec un capital social d'un milliard, dirigée par des hommes de l'habileté et de la prudence les plus éprouvées; nous demandons si, malgré tous les avantages possibles, cette banque pourra, sous un autre régime que celui du monopole, établir un système de billets aussi généralisés et à caractère aussi important que ceux de la Banque de France? Nous répondons hardiment non. Le caractère essentiel de généralité du billet de banque ne vient d'aucune des conditions de la constitution banquière et commerciale de cet établissement, il découle du caractère gouvernemental et public que le privilége leur donne.

Pour le placement, la dette mixte est arrivée à un tel point de généralité qu'aujourd'hui si l'on parle des obligations de chemins de fer, l'on ne connaît presque pas dans le public d'autres titres que ceux du 3 0/0 des compagnies garanti par l'État. Peu de personnes savent qu'il existe des obligations de 500 fr. remboursables à 625, d'autres de 1,000 francs remboursables à 1,250. L'on ne connaît que le fonds moitié public, moitié privé, et il a pris des proportions telles que l'on peut presque le considérer comme unique. Si l'on voulait, en matière d'emprunts de chemins de fer, opérer une conversion et unifier en 3 0/0, l'on rencontrerait moins de difficultés que lors de la conversion de la rente.

Un particulier peut-il donner à ses actes un caractère général aussi tranché? Nous ne le pensons pas; nous croyons que ce caractère des obligations 3 0/0 des chemins de fer ne découle d'aucune de leurs qualités propres, mais qu'il provient du caractère public que leur donne la garantie de l'État.

Dans cette garantie se trouve une anomalie assez remarquable et tout au désavantage de l'État. Il ne produit pas, et il garantit des industriels qui produisent. Pour tout avantage, il obtient l'établissement d'un service public pour lequel il donne des subventions importantes. Pourquoi, en retour, l'État n'aurait-il pas une compensation? Elle nous paraît juste. Nous croyons l'avoir indiquée lorsque, recherchant la séparation des fonctions, nous avons proposé de créer cette banque de titres au moyen de laquelle les compagnies donneraient leurs titres à l'État et prendraient en échange des titres de Crédit public qu'elles négocieraient. Elles se reconnaîtraient ainsi débitrices de l'État pour les titres par elles déposés, et l'Etat serait débiteur vis-à-vis des porteurs des titres de Rente qu'il aurait émis.

Une banque d'État peut paraître une erreur économique et une impossibilité financière. Afin de bien préciser nos propositions, nous sommes obligés d'entrer dans quelques explications.

Le fait principal de banque est la substitution d'un débiteur général à un débiteur particulier, ou, pour mieux dire, la substitution d'un crédit supérieur à un crédit inférieur, d'une signature plus généralement connue à une autre qui l'est moins. En matière de circulation, l'État ne peut avoir d'action directe pour régir une banque commerciale prêtant des fonds et recevant des valeurs, opérant des encaissements et servant des remboursements. La rapidité des opérations, le nombre des contractants sont des empêchements insurmontables. Il faut étudier la solvabilité de particuliers, diriger des actes d'escompte, fonctions de détail hors de sa compétence. En retour des valeurs reçues, il faut prendre des engagements exigibles à échéances fixes, différées ou instantanées. L'Etat ne peut se soumettre à des éventualités semblables.

Dans la banque perfectionnée, l'on est arrivé, par des combinaisons financières, à faire qu'un billet immédiatement remboursable ne soit jamais, par cela même, exigé à titre de réalisation définitive, en temps ordinaire. Mais, malgré ce progrès, il n'en est pas moins vrai qu'en temps de crise, par suite des engagements exigibles émis par elles, les banques sont obligées de recourir à des mesures extrêmes auxquelles l'Etat devrait renoncer pour son compte à moins d'aggraver et de précipiter les désastres.

Aussi n'entendons-nous nullement parler d'une banque de circulation dirigée par l'État. Ces institutions sont essentiellement privées, les particuliers seuls sont à même de les fonder, soit individuellement, soit par association.

Mais, en matière de placement et de crédit, l'État peut avoir sa fonction spéciale. Si, dans la circulation, il n'apparaît que pour certifier par son effigie la vérité d'un mécanisme de mesure; dans le crédit, il apparaît à titre actif. Il emprunte, il amortit, et, par des actes de garantie ou de concession de privilège, il fait participer à son crédit certains êtres supérieurs à l'individu par la position ou le caractère qu'il leur reconnaît.

Ici la rapidité des opérations n'est plus une qualité essentielle; au lieu de mouvement, il faut, au contraire, de la fixité; le principal avantage, en ce cas, est l'éloignement du terme; *Qui gagne temps, gagne tout*. Le Crédit Foncier par ses exigences diminuant à mesure que le terme s'éloigne, nous prouve la vérité de cette proposition. Du principe de perpétuité que possède la Rente mis en regard du principe de remboursement régissant toute dette privée, il ressort en sa faveur une supériorité incontestable. Ce principe, en effet, laisse à l'Etat entière liberté d'allures en enlevant toute éventualité de demandes en remboursement. *Qui a terme ne doit rien.*

Pourquoi l'Etat ne profiterait-il pas de cette position, et n'instituerait-il pas une banque de titres de placement, dans laquelle il substituerait son crédit perpétuel à un crédit temporaire, et dont la combinaison, comme bénéfice, reposerait sur la différence du mode de remboursement?

Sa clientèle existe, le champ des opérations est tout tracé.

Entre la collectivité nationale supérieure et l'individu, il existe des collectivités intermédiaires dépendant directement du Gouvernement, sous sa tutelle administrative, les villes, les établissements publics desquels il examine et vote les emprunts impossibles sans son autorisation.

L'on admet qu'il puisse se former des sociétés dont il étudie, contrôle et approuve les statuts, auxquelles il donne donc l'existence en homologuant et autorisant.

L'on comprend encore que, dans certains cas, en vue d'obtenir des services publics, il permette l'existence d'associations auxquelles, vu l'insuffisance des forces particulières, il accorde des subventions, des garanties, avec lesquelles il passe des traités; desquelles il connaît donc les affaires, puisqu'il agit souvent de concert avec elles pour la réalisation d'un but public, et que leurs opérations et leurs traités ne deviennent définitifs que par sa ratification.

Certes, ce sont là des éléments d'une clientèle de premier ordre, dont la surveillance financière est tout organisée par le fait même de la surveillance administrative existante. Il ne s'agit pas d'installer, comme dans la banque commerciale, une clientèle variable et difficile à surveiller ; il ne s'agit que de profiter de cette surveillance gouvernementale organisée et d'en tirer tout le parti possible pour le bien public. La clientèle se composera naturellement de tous les êtres surveillés et participant aux attributs gouvernementaux, soit par caractère, soit par position.

La sécurité des opérations serait garantie à l'Etat par le privilége attaché à toutes les créances en sa possession. Personne ne pourrait s'élever contre la légitimité et la justice d'un semblable avantage, puisque, établi en faveur du représentant naturel et unique de la collectivité nationale, il appartiendrait en fait à tout le monde.

Tous ces éléments peuvent être utilisés sans rien bouleverser dans nos services financiers et administratifs.

Il faut la création d'une institution spéciale.

On l'obtiendrait par un simple remaniement de la Caisse d'amortissement actuelle, institution incomplète, dont le domaine doit être agrandi. Aujourd'hui, elle n'utilise que les ressources nationales à sa disposition. La Caisse d'émission et d'amortissement que nous proposons utiliserait les forces secondaires de toute espèce que le pays renferme, et qui par position ou par caractère peuvent avoir des affinités avec l'État. Elle les réunirait et les ferait concourir à son but, l'extinction de la Dette publique.

Ses opérations comme banque gouvernementale ne seraient au fond qu'une conversion ou une mutation de titres. La délivrance de titres de Crédit public en échange de titres de crédit privé, est une opération identique à celle que fait le Crédit Foncier, lorsqu'il délivre ses lettres de gage en échange de l'hypothèque qu'on souscrit en sa faveur.

Une fois l'emprunt, la garantie, le traité, reconnus nécessaires et acceptés par les moyens de surveillance administrative actuellement en vigueur, les collectivités emprunteuses, au lieu d'émettre et de négocier au public leurs obligations, se constitueraient débitrices de l'État, qui recevrait leurs titres et leur délivrerait en titres de Crédit public égale somme en capital nominal et en rentes.

Elles négocieraient ces titres à leurs risques et périls, comme cela se pratique pour leurs obligations.

Elles paieraient à l'État les arrérages qui lui seraient dus ; l'État paierait les siens aux porteurs.

Lors du remboursement annuel, elles rembourseraient à l'Etat, qui leur rendrait les titres ainsi éteints. Pour les titres de crédit public délivrés en échange, l'Etat amortirait dans la forme actuelle par voie d'achat.

Les collectivités remboursant la somme nominale inscrite, l'Etat remboursant par amortissement, avec la voie d'achat au cours, la différence constituerait le bénéfice.

Ce bénéfice, provenant d'un amortissement privé, serait réalisé par l'Etat, qui en ferait profiter tout le monde en l'appliquant à l'amortissement de la Dette publique. Or, il est à remarquer que l'emploi en extinction de charges donnerait à ces profits une puissance d'intérêt composé qui rapprocherait le but en activant la libération nationale.

Nous trouverions dans ces bénéfices ainsi appliqués à la Dette publique une compensation à la garantie accordée aux Compagnies. Cette garantie existerait toujours, puisque les négociateurs auraient l'avantage, au lieu de négocier un titre privé endossé, de négocier directement un titre public livré en échange de leurs engagements privés.

Voici quelle serait la marche :

Au lieu de garantir des titres émis par d'autres que par lui, que l'Etat émette des titres de Rente.

Qu'il les donne à toutes individualités ou collectivités auxquelles il croira devoir accorder une participation au Crédit public, en échange de titres privés qu'il en recevra pour égale quantité de capital nominal et de rente.

De la sorte, il deviendra créancier de leurs titres privés, et débiteur des titres publics.

Que, nantis de ces titres publics, les porteurs les négocient comme cela se pratique aujourd'hui pour les obligations des chemins de fer, l'État deviendra le débiteur du public.

L'Etat paiera la rente de ses titres aux détenteurs ; mais il recevra l'intérêt des titres privés qu'on lui aura remis.

Lors du remboursement, les participants au Crédit public, obligés par les traités de rembourser pour la somme inscrite en capital nominal, iront retirer les quantités fixées de leurs titres du portefeuille de l'Etat; — qu'on les retire du portefeuille de l'Etat ou d'un portefeuille quelconque, la somme à payer est toujours la même. — L'Etat, alors, pour balancer ce retrait de titres privés de son portefeuille, ira retirer des mains du public égale quantité de titres à lui ou plus, si faire se peut.

Il a son amortissement pour cela.

Seulement, on amortit contre lui par remboursement au pair, et de son côté il amortit par achat au cours.

Dans cette marche, il existe un contrat entre particulier et Etat, et ensuite un contrat de particulier à particulier dont la matière est un fonds d'Etat ; tandis qu'aujourd'hui, c'est un contrat entre un particulier engageant l'Etat et un autre particulier qui s'opère.

Ainsi : à l'Etat, l'émission des fonds publics,

A l'emprunteur, la négociation.

Que l'emprunteur remplisse ses engagements vis-à-vis de l'Etat, qui, de son côté, remplira les siens vis-à-vis du public.

Mais, en matière de placement fixe, que sur le marché officiel il n'existe qu'une seule dette, le 3 0/0 dette d'Etat, et les fonds publics étrangers, à titre de réciprocité.

En matière de placement variable, les actions admises à la cote officielle.

Tous les titres qui n'entreront pas dans ces catégories auront le marché libre, ou se traiteront en Banque.

Au capital à choisir.

Installation de Bourses dans tous les chefs-lieux et les villes de vingt mille âmes et au-dessus.

Etablissant d'après ce qui précède une séparation absolue en matière de crédit d'après les caractères publics ou privés des contractants; reconnaissant la nécessité et l'avantage d'une valeur type, le fonds public; faisant disparaître les valeurs mixtes en les fondant dans la dette de l'Etat et laissant au Crédit privé toute liberté; il faut constituer le Crédit public sur des bases tellement avantageuses, que la demande se porte naturellement sur ses titres. Il faut donc entourer le 3 0/0 de conditions faciles à saisir, utiles et répondant à tous les besoins.

Nous avons dès lors cru devoir introduire dans

l'organisation du crédit deux formes de la dette, parce que les capitaux sont susceptibles de deux états économiques bien distincts, l'état fixe de placement et l'état circulant, et que toute organisation en cette matière n'est complète que lorsqu'elle mène de front : le perfectionnement des titres de placement et le perfectionnement des titres de circulation.

Nous proposons à cet effet : l'institution du 3 0/0 seul fonds public, seule dette, et celle du 3, 65 simple déclassement de forme de la dette principale, afin de pourvoir au besoin de circulation ; forme circulante du 3 0/0 ayant sa source en lui, mais devant, une fois ce besoin disparu, y rentrer et redevenir dette fixe par sa liquidation volontaire ou forcée.

Le 3, 65 n'étant qu'une forme accessoire du fonds public, ne pouvant circuler que revêtu d'un engagement privé donnant droits personnels et réels avec tous les recours légaux pour sa valeur déterminée, ne servant, en un mot, que de monnaie fiduciaire, à valeur intrinsèque en dehors de sa valeur commerciale représentative, ne peut être coté. Il n'est pas émis, il n'est pas transmis par vente, il ne provient pas d'un emprunt, il n'existe que comme 3 0/0 sous une autre forme. Il ne peut être amortissable et jouir des avantages du 3 0/0 qu'à la condition de quitter sa forme transitoire et de reprendre son état primitif. On ne peut le liquider, l'amortir, le rembourser ; il disparaît en rentrant dans le 3 0/0, seule dette publique cotée et amortissable.

Le 3, 65 doit être préféré au billet de banque par la circulation, puisqu'il porte en lui-même une jouissance que le billet de banque ne possède pas. Il donne, dès lors, par le fait seul de son existence, une valeur de 82,40 à une grande quantité de la Rente; il devient presque le fixateur de son prix. Si pour cette forme nous établissons un intérêt de 3,65 0/0 au lieu de 3 0/0, c'est d'abord pour la facilité du calcul et ensuite parce qu'en effet nous admettons le cours de 80 à 90 francs comme le vrai prix de la Rente. A ce taux le 3 0/0 rapporte de 3, 40 à 3, 65, et les deux formes sont également productives.

En disant que le 3 0/0 vaut ou devrait valoir de 80 à 90 francs, nous ne croyons pas tomber dans une exagération, malgré le cours actuel de 67 francs à peine. A notre avis, le crédit français vaut le crédit anglais, et nous ne désespérons pas de le voir à son prix. Si les Consolidés sont à 90 et 91, cela ne provient ni de la supériorité politique ni de la supériorité de fortune de l'Angleterre. —Nous n'admettons sous ces rapports aucune supériorité chez nos voisins. — Cela tient à des causes économiques et politiques avantageuses à leurs fonds. Notre 3 0/0 est une terre aussi bonne que les Consolidés, mais il manque d'amendements et d'engrais; il faut le remanier, y introduire des principes fécondants. Il manque aussi de débouchés et de routes qui le rendent accessible;

il faut en établir. De la sorte les avantages intrinsèques qu'il possède susciteront et maintiendront une demande facilement servie.

La France est un pays où tout le monde est appelé à participer aux affaires publiques; il faut que tout le monde soit appelé à posséder de la Rente. La forme circulante sera un moyen de classement bien puissant, qui, en même temps, la fera connaître et apprécier. Elle sera par cela même un grand élément de fixation et de maintien de sa valeur.

Le 3 0/0 s'adressant au placement, valeur de repos, à intérêt fixe et à réalisation courante et facile, valeur cotée, ressource pour le calme, la retraite, sera donc le seul fonds public véritable renforcé par sa forme circulante de 3, 65.

Indépendamment de cet avantage, il faut prendre tous arrangements pour que sa valeur en capital augmente, et qu'il soit non-seulement le régulateur du marché en matière de placement, mais encore qu'il soit le véritable régulateur de l'état général du crédit. Il faut qu'il soit tellement supérieur à toutes les autres valeurs à revenus fixes existant à côté et en dehors de lui, qu'elles ne puissent jamais avoir qu'une position secondaire et presque aléatoire, proportionnelle comme revenus aux risques courus par le capital.

Comme avantages essentiels, nous avons proposé :

De rendre le 3 0/0 amortissable. Nous avons dans ce but institué : un fonds fixe de 12 millions par an pour remboursement par voie de tirage au sort public; les diverses combinaisons de l'amortissement continu par voie d'achat; la destruction des titres amortis soit par l'un soit par l'autre de ces moyens; l'annuité fixe ne pouvant être réduite et modifiée que par une loi; le contrôle et la publicité des opérations de la Caisse d'émission et d'amortissement.

Ces mesures nous ont paru être suffisantes pour asseoir les fonds publics sur les bases les plus larges et les plus avantageuses.

Organiser un fonds d'amortissement exact, calculé comme en matière de chemins de fer, sur un temps limité, n'est pas possible en matière de dette publique; le principe de la perpétuité s'y oppose. Si des calamités publiques surviennent et que l'on soit obligé de recourir à de nouveaux emprunts, faudra-t-il constituer un nouveau fonds d'amortissement pour chaque emprunt nouveau? Évidemment une confusion finirait par résulter d'une pratique semblable; l'on aurait le 3 0/0 de telle année amortissable dans 75 ans, celui d'une autre époque amortissable en 90 ans: différences de constitution, différences de valeurs. Il vaut mieux fondre la nouvelle dette dans l'ancienne, établir un tout complet et par un amortissement fixe comme somme, indéfini et perpétuel comme durée, rembourser peu à peu; mais toujours jusqu'à extinction.

La question des dettes nouvelles à contracter ne vient pas détruire cet établissement. L'emprunt, en effet, est un acte politique et non financier quant à a décision. Une fois qu'il est décidé, il s'opère par des pratiques financières, mais alors la politique a fini sa tâche.

Lorsqu'il faut emprunter, l'on décide, l'on fonde la dette : voilà la part de la politique ; l'on opère, l'on négocie l'emprunt : voilà la part de la finance. Amortir n'a plus rien à voir avec la politique, une fois qu'elle a décidé qu'il faut amortir.

Il n'est nullement besoin de se préoccuper de la question de durée d'un amortissement lorsqu'il s'agit d'une dette perpétuelle. En matière de dette de l'Etat, ce que le rentier désire, c'est que l'amortissement fonctionne et que le remboursement soit certain. La caisse d'amortissement est aujourd'hui considérée comme un rouage fictif. En matière de chemins de fer, il faut au contraire que l'amortissement fonctionne d'une manière évidente et forcée. Le rentier s'en préoccupe beaucoup : il sait, en effet, que la concession n'a qu'une durée limitée, et dès lors les pratiques employées pour amortir doivent avoir pour résultat de faire coïncider la durée de la concession avec l'extinction de la dette.

Prouver aussi clairement au rentier l'existence d'un amortissement pour la dette de l'Etat qu'il est prouvé pour la dette des chemins de fer, voilà tout le problème ; car alors le rentier sera satisfait et la confiance grandira.

L'amortissement officiel périodique serait une

preuve irrécusable ; son mécanisme est trop simple, trop facilement concevable pour qu'il soit nécessaire d'y insister.

En outre de cet amortissement par voie de tirage, l'amortissement par voie d'achat que nous avons proposé, avec son contrôle comme le premier et ses résultats vérifiés, amenant à une extinction rapide, serait encore un gage bien sérieux pour les porteurs.

Enfin la destruction des titres, amortis par ces deux voies, opérée avec toute la solennité désirable, et après vérifications de toute sorte, ne laisserait rien à désirer, même à ceux qui s'obstinent à ne pas avoir confiance.

Examinons cet amortissement par voie d'achat.

Le déterminer comme action et comme durée est impossible ; tout dépendra, et des prix auxquels se feront les achats des titres qu'il détruira, et des ressources dont il disposera. L'essentiel, c'est qu'il fonctionne, et que la surveillance et le contrôle auxquels il sera soumis soient aussi rigoureux que possible ; ce contrôle et cette surveillance seront des conditions capitales de son efficacité.

Pour ses ressources, elles seront de diverses natures.

Elles dépendront d'abord des intérêts en moins à payer par le fait des 12 millions remboursés par voie de tirage. C'est une somme de 360 mille francs qui se trouvera acquise chaque année à la Caisse, puisque l'annuité des arrérages totaux de la dette, une fois déterminée, lui sera toujours également payée par le Trésor, et que cette annuité ne pourra être modifiée que par une loi.

Cet élément de ressources ne sera pas contesté ; aussi ne nous appesantirons-nous pas sur ce point.

Le second élément sera le bénéfice réalisé par la Caisse sur la différence d'intérêt qu'elle aura à payer entre l'annuité totale établie sur les dettes actuelles, et les arrérages qu'elle paiera au 3,65 remplaçant les dettes déclassées et la dette flottante.

Ainsi, sur la dette flottante, dont nous supposons l'intérêt moyen à 4,10 0/0, elle aura en moins à payer la différence entre 3,65 et 4,10 ; sur le 4,50 0/0, elle aura en moins à payer 0, 85 ; sur le 4 0/0 et les obligations trentenaires, 0, 35.

Ne discutons pas la question de savoir si le 3,65 sera assez fort pour triompher de ces diverses dettes. Nous aurons à nous en occuper plus tard ; nous démontrerons que la conversion en 3,65 est probable et facile.

Supposant la conversion ainsi opérée, l'annuité totale étant déterminée avant cette opération, l'économie nous paraît évidente ; elle sera toujours progressive par le fait des intérêts en moins à payer aux inscriptions achetées et détruites.

Le calcul pour cet amortissement, une fois les données admises, est aussi sûr que pour les 360,000 fr. provenant du remboursement des 12 millions par voie de tirage.

Nous ne prévoyons donc pas d'objections à ce sujets

Les ressources principales de cet amortissement par voie d'achat sont celles qui nous restent à exposer.

Elles lui seront fournies par la Banque de titres dont nous avons parlé. Cette Banque serait donc la fonction la plus importante de la Caisse d'émission et d'amortissement.

Avant tout examen, voyons si la substitution des titres de l'État aux titres des Compagnies est une opération de conversion facile. Nous nous prononçons pour l'affirmative : voici nos motifs.

Laissant exister en leur état actuel les obligations des chemins autres que leur 3 0/0 garanti par l'État, à moins que les porteurs ne veuillent amiablement les convertir *capital pour capital*, nous ne nous occuperons que de ce 3 0/0 qui est encore la valeur la plus courue, puisqu'elle se paie en moyenne de 30 à 35 francs de plus que les autres obligations.

Supposons qu'un porteur de 3 0/0 des chemins échange son titre contre du 3 0/0 de l'État; pour 500 francs nominaux, il aura 15 francs de rente dans les deux cas; mais les 500 francs nominaux des chemins valent aujourd'hui 310 francs. Soit de la rente à 62, elle en vaut 67 au moins. Différence à son avantage 5 francs, qui, pour 15 francs de rente ou 500 francs, donnent 25 francs; sa position sera donc avantageuse.

L'on nous dira qu'il échange une chance de remboursement circonscrite et fixe contre une chance de remboursement indéterminée. Nous admettons cette observation ; mais nous y répondons par une appréciation personnelle d'abord, puis par un calcul exact.

Notre appréciation est que l'amortissement par voie de tirage, et l'amortissement par voie d'achat, avec toutes ses ressources, amèneront positivement l'extinction de la dette actuelle en moins de 96 ans. Nous ne nous appesantirons pas davantage là-dessus, puisqu'il nous est impossible de prouver la vérité de cette appréciation, le taux variable des achats et l'importance indéterminée de la Banque de titres ne nous permettant pas d'établir un calcul rigoureux.

Quant à notre réponse par un calcul exact, la voici : Il s'agit de savoir combien vaut ce bénéfice de 200 fr. réalisable dans 96 ans. Nous soutenons qu'il ne vaut pas aujourd'hui 25 francs. En effet, le bénéfice réalisable dans 96 ans pour tout acheteur d'obligations à 310 francs est de 200 francs environ. Il ne faut pas ici calculer sur une moyenne de gain par augmentation moyenne de l'obligation chaque année, il faut calculer d'après la théorie mathématique en matière d'amortissement ; car, une obligation peut augmenter de 200 francs du jour au lendemain, si elle sort ; et ne pas augmenter d'un centime, si elle ne sort pas ; il faut donc compter cette augmentation d'après les véritables bases sur lesquelles elle repose. Ainsi l'on doit poser cette question : Pour avoir 200 francs dans 96 ans, quelle somme faudrait-il aujourd'hui en capitalisant à 3 0/0, ce qui est l'espèce? Il faudrait, disons-nous, moins de 25 francs, puisque 25 francs à 3 0/0, dans 96 ans, donnent non pas 200, mais bien 400 francs.

Si l'on nous objecte la chance du tirage, nous répondrons que, par l'amortissement officiel, cette chance existe tout de même.

Malgré cet avantage qui pour nous est réel, et qui pourrait même être chiffré, nous nous élèverions toujours, de toute notre énergie, contre la demande d'une soulte qui a tant mécontenté lors de la conversion du 4 1/2, du 4 et des obligations trentenaires.

Examinons maintenant la combinaison financière résultant de cette Banque de titres.

Prenons pour exemple une émission de cent mille obligations de chemin de fer rapportant 15 francs, soit 1,500,000 francs, émises à 300 francs soit 30 millions, remboursables à 500 francs soit 50 millions.

Si au lieu d'émettre une obligation de 500 francs à 300 ou 310, la Compagnie émettait 5 fois 3 francs de rente en 3 0/0, ce qui reviendrait au même en intérêts et en capital nominal, elle retirerait au cours actuel 67 francs, — presque cours de guerre — 335 francs ; bénéfice pour elle 25 francs, sur 310 fr. ou 35 francs sur 300 francs.

Dans les deux cas, elle aurait 15 francs à payer et 500 francs à amortir ; la seule différence, c'est qu'au lieu de les payer à des particuliers, elle les paierait à la Caisse d'émission et d'amortissement.

Pour amortir 15 francs de rente ou une obligation vis-à-vis de l'Etat, elle irait verser 500 francs ; mais l'Etat serait, pour rétablir sa balance, obligé d'amortir à son tour 15 francs de rentes ou 5 titres de 100 francs en 3 0/0 : pour cela, il irait sur le marché acheter cette quantité au cours du jour.

S'il achète au cours actuel 67 francs, au lieu de débourser les 500 francs qu'il aura reçus de la Compagnie, il ne déboursera que 335 francs ; bénéfice pour lui 165 francs sur ces 5 titres de 100 francs en 3 0/0.

Ce serait trop beau ; nous n'ambitionnons pas un bénéfice aussi considérable.

Nous supposons le 3 0/0 à 85 francs, ce qui est un cours encore bien inespéré.

A ce cours, la Compagnie, amortissant dans 96 ans une série de 100,000 obligations, ira retirer et rembourser.

La 1re année 193 obligations de 500 francs.
La 2e — 198 — —
La 3e — 204 — — —

Ainsi de suite, comme l'indiquent les tableaux d'amortissement annexés au dos des titres pour un calcul sur 100 mille.

L'Etat recevra autant de fois 500 francs, mais il touchera en moins, dans l'avenir, autant de fois 15 francs de rente.

Pour balancer, il ira racheter sur le marché autant de fois 15 francs de rente servie par lui.

Si le 3 0/0 vaut 85 francs, il gagnera 15 francs sur 3 francs de rente rachetée, ou par 100 francs, soit 5 fois 15 francs, ou 75 francs sur 500 francs.

Donc, la 1re année, il gagnera 193 fois 75 francs.
La 2e — — — 198 — 75 fr.
La 3e — — — 204 — 75 fr.

Ainsi de suite, suivant les accroissements d'amortissement portés dans les tableaux.

Avec ces 75 francs, il remboursera encore de la rente; mais ce remboursement excédant viendra éteindre sa dette personnelle ancienne. Il aura par cela même des intérêts en moins à payer; par ce fait seul, les 75 francs auront la puissance de l'intérêt composé.

La dette productive aidera à éteindre la dette inproductive de l'État.

Nous avons calculé que sur 100 mille obligations, l'Etat gagnerait, au moyen de ces 15 francs par 100 francs ou 75 francs par obligation, une extinction de sa dette improductive s'élevant à 26,250,000 fr. environ. Or, les chemins français ont émis 103 fois 100 mille obligations 3 0/0. Ils en émettront encore davantage. Sur les obligations émises, l'Etat gagnerait donc 103 fois 26,250,000 fr., soit 2 milliards 600 millions, en supposant le 3 0/0 à 85 francs. L'on voit que nous supprimons les appoints.

Il est à remarquer que les chemins de fer ne seraient pas les seuls à passer des contrats de conversion avec l'Etat, par l'intermédiaire de la Caisse d'émission et d'amortissement opérant en Banque de titres.

Si le fonds public 3 0/0 était au-dessous de 85 francs, la différence dont bénéficierait l'Etat serait plus grande.

S'il était au-dessus de ce prix la différence serait moindre; mais le loyer des capitaux serait moins cher, et cette diminution donnerait au public un bénéfice social assez grand pour que la satisfaction générale acceptât un bénéfice chiffré moins fort.

Les compagnies de chemins de fer y gagneraient tant que le 3 0/0 ne serait pas à 62 francs, puisqu'aujourd'hui elles négocient leurs titres à ce prix.

Comme nous le disions, déterminer exactement le bénéfice total de l'Etat est impossible, puisque le prix du 3 0/0 est variable, et surtout parce que le nombre des emprunteurs et l'importance des emprunts sont inconnus. Nous n'avons pu que donner un exemple sur 100,000 obligations, et c'est encore assez délicat à établir. Nous avons calculé sur un prix fixe de 85 francs et sur une capitalisation à 3 0/0; nous aurions pu calculer la capitalisation à 3,50 0/0, puisque 100 francs donnent 3,50 lorsque 85 donnent 3, et que tout titre éteint par achat, à ce prix, est un titre de 3 francs de rente et de 100 francs en capital. Nous avons voulu rester plutôt au-dessous qu'au-dessus du résultat probable.

L'on doit maintenant se rendre compte de l'importance majeure de l'amortissement par voie d'achat placé à côté de l'amortissement par voie de tirage.

Il ne faut, en effet, que calculer en pensée la masse de titres sur lesquels pourra s'exercer la Banque de titres pour comprendre combien cet amortissement sera puissant. Et plus il existera d'emprunteurs, plus cette puissance augmentera.

Quelles seront les personnes avec lesquelles l'Etat pourra traiter ? Toutes celles avec lesquelles il traite aujourd'hui :

Les sociétés ayant des établissements de services publics ;

Les sociétés dans le genre du Crédit foncier ;

Les sociétés qui feraient, sur valeurs mobilières, des opérations analogues à celles du Crédit foncier sur valeurs foncières.

Par leur intermédiaire, toute personne pourra ainsi participer au crédit public. — Mais, pour les créances remises à la Banque de titres, l'Etat sera toujours créancier privilégié.

En outre, tous les emprunts de Villes, Communes, Établissements publics, ayant besoin d'une autorisation pour emprunter, se pratiqueront par la Rente, au lieu de se pratiquer par obligations communales du Crédit foncier.

Toutes les opérations d'emprunts ne pourraient être acceptées par la Caisse d'émission ; les demandes contrôlées par les Receveurs généraux et particuliers seraient adressées au Ministre des finances qui déciderait, sur rapports de ses subordonnés. Une fois la décision prise après les formalités voulues, la Caisse opérerait ; mais elle n'aurait aucune initiative pour contracter.

Les villes, établissements publics, etc., obtiendraient les autorisations en la forme actuelle, et leurs emprunts seraient fondés par l'opération qu'elles feraient avec la Caisse. Quant à la négociation des rentes 3 0/0 qui leur auraient été délivrées, elles ne seraient plus obligées de remplir toutes les formalités d'affiches, adjudications, etc.; elles s'adresseraient au marché public. Elles seraient ainsi soumises au Crédit général, et non aux exigences de petits potentats de clocher qui font chèrement payer les quelques capitaux qu'ils possèdent, à l'aide desquels ils établissent une influence ridicule, plus dure que toute autre, ne reposant que sur une vanité prétentieuse, et, somme toute, négative lorsqu'elle n'est pas désastreuse pour le bien public.

Ce serait l'unification de toutes les dettes pouvant participer et participant aujourd'hui, par le système mixte, au caractère général.

L'amortissement organisé pour elles serait répété en balance dans l'amortissement de l'Etat; mais, en outre, l'Etat aurait pour bénéfice sérieux, un excédant qu'il appliquerait à l'extinction de sa dette propre.

Les sommes provenant de ces diverses ressources seraient à la disposition de la Caisse d'émission et d'amortissement, dont l'actif total se composerait ainsi :

Fonds fixe de 12 millions par voie de tirage;

Annuité totale fixe pour arrérages à payer;

Économies résultant des intérêts payés en moins par suite des extinctions par voie de tirage ;

Économies résultant des différences d'intérêt à payer entre les dettes déclassées et le 3,65 qui leur serait substitué.

Ressources provenant de la Banque de titres.

Tous ces éléments éteignant du 3 0/0 se trouvent augmentés par la diminution des sommes que l'annuité totale des arrérages est obligée de payer ; par cela seul, ils acquièrent la puissance de l'intérêt composé.

Nous avons bien souvent entendu révoquer en doute l'intérêt composé et ses résultats, que bien des personnes considèrent comme fictifs. Le mirage du sou placé à intérêt composé au commencement du monde, produisant à notre époque un globe d'or massif plus gros que la terre, n'est dans l'esprit du plus grand nombre qu'une théorie acceptée en souriant. Pour nous, nous pensons que cette théorie est sérieuse, applicable et vraie et que ses résultats sont aussi grands qu'elle le démontre. Frédéric Bastiat, dans l'un de ses plus beaux travaux, a pris pour titre : *Ce qu'on voit et ce qu'on ne voit pas* ; si la puissance de l'intérêt composé est souvent fictive à propos de ce qu'on voit, ce que nous n'admettons encore que sous réserves, elle est toujours une réalité à propos de ce qu'on ne voit pas. Elle s'exerce en effet de deux manières : soit dans un but d'accumulation, soit dans un but d'extinction.

Le travail à fin d'accumulation est souvent impraticable ; bien des quantités doivent, à de certains moments, être négligées faute d'emploi possible, mais le travail à fin d'extinction marche toujours, à une fraction minime près, avec la régularité inflexible mathématiquement indiquée par la théorie.

En matière de rentes amorties d'après notre système, la fraction négligée ne serait que de 85 à 100 fr. au maximum ; et, pour être rigoureux en calcul, nous pourrions avancer, en supposant le 3 0/0 à 85 francs, qu'elle ne sera jamais supérieure à 84 fr. 50 cent.

L'annuité étant la même, les sommes à payer diminuant, se métamorphosant en extinction de capital et par suite en diminution de charges, il s'ensuit rigoureusement que l'on capitalise à intérêt composé la somme des charges que l'on paye en moins.

C'est le système employé par les chemins de fer et, à la fin de l'opération, le résultat prouve que l'amortissement a fonctionné avec toute sa puissance théorique. Or, ce résultat ne peut être contesté.

Faire fonctionner ainsi la Caisse d'émission et d'amortissement serait donner à tous la preuve d'une tendance à un résultat sérieux. Si l'on n'y croit pas aujourd'hui à propos des fonds d'Etat, c'est parce que, pour un motif ou pour un autre, les annulations de rentes n'ont jamais été pratiquées bien régulièrement et que l'amortissement a souvent été suspendu.

Détruire les rentes rachetées ou remboursées au fur et à mesure des rachats ou des remboursements, serait non-seulement le moyen d'extinction le plus sûr, mais encore le plus visible. La valeur de la rente y gagnerait par suite de la confiance que cette pratique ferait naître et grandir dans l'esprit de tous.

Quant aux résultats des deux amortissements, qu'ils soient publics ; qu'il existe toute la surveillance, tout le contrôle non-seulement de la hiérarchie, mais de l'opinion. L'honnêteté en cette matière sera, comme elle l'est partout, la plus sûre et la plus efficace des pratiques.

Lorsque tout le monde verra clairement le mécanisme de l'institution que nous proposons, elle sera véritablement fondée. Il suffira de la laisser naturellement fonctionner.

En résumé, en matière de placement, séparation du Crédit public ou gouvernemental, et du Crédit privé.

Pas de système mixte.

Que, lorsqu'une participation gouvernementale sera jugée nécessaire, elle s'opère par échange de titres privés et de titres publics au moyen de la Caisse d'émission et d'amortissement agissant comme Banque de titres.

Que le Crédit privé ait la liberté la plus entière, et que tout titre privé puisse se négocier sur un marché libre, sans limites aucunes.

Voilà la seule marche, la seule théorie rationnelle. En effet, qu'un particulier négocie un titre d'Etat à lui appartenant, cela se comprend, c'est son bien, sa chose; mais qu'il traîne à sa remorque l'Etat endosseur public de son papier privé, cela ne se comprend plus ; à notre avis, c'est monstrueux comme théorie, et, en fait, c'est désastreux.

Par notre système, le particulier ne perd rien, puisqu'il profite actuellement de la supériorité chiffrée du Crédit public. Quant à l'Etat, il gagne soit en bénéfices chiffrés, soit en bénéfices sociaux.

Immédiatement avec notre pratique, la dette prend des proportions colossales comme chiffre ; son passif devient effrayant à première vue ; mais en même temps, l'on constitue un actif fort important, et le solde est simplement la dette actuelle fixée. C'est ce solde qui ira toujours en diminuant jusqu'à extinction.

Quant au Crédit, il en sera amélioré, la Caisse d'émission et d'amortissement ne sera rien autre chose que la constitution sur le marché d'un acheteur continuel, incessant, avec des ressources toujours grandissantes. Au contraire du capitaliste qui achète, lève et revend dans l'occasion, elle achètera, lèvera, mais ne revendra jamais. La dette classée peut se déclasser, la dette détruite ne peut plus revivre ; or, la Caisse achètera pour détruire, et cette destruction sera, comme celle par voie de tirage, publique, officielle, solennelle et contrôlée aussi rigoureusement que possible.

Si le Crédit ne se relève pas, les bénéfices de l'Etat sont plus grands et la dette s'éteint plus vite.

S'il se relève, les valeurs montent, la capitalisation diminue, le loyer de l'argent est moins cher ; l'Etat gagne moins, la dette s'éteint plus lentement, elle s'éteint cependant toujours ; le bénéfice chiffré est moindre, mais le bénéfice social augmente. L'abaissement du loyer des capitaux est, en effet, la preuve de la rémunération grandissante du travail actif et productif.

C'est là notre désir et notre but.

CHAPITRE IV

DU BILLET DE BANQUE PORTANT INTÉRÊT.

Après avoir parlé de la Dette et de son amortissement, avoir montré le bénéfice qui pourrait résulter pour l'État de l'application de notre système, il nous reste à nous occuper du 3,65 0/0, forme circulante de la dette, qui doit venir en aide à toute personne ayant, pour ses affaires, besoin d'un fonds de roulement.

La seule question intéressante est la question de son émission à 100 francs. Une fois ce but atteint, le problème est résolu.

Nous avons dit que nous le ferions émettre par les sociétés anonymes autorisées ou limitées ; nous avons proposé de les obliger à y employer tout ou partie de leur capital, leur donnant la faculté de le négocier avec obligation de remboursement à vue et au porteur.

Examinons s'il y aurait ou non abus de la part de l'Etat en forçant ces sociétés à devenir ses créancières.

Nous ne le pensons pas; nous croyons qu'il n'y aurait, dans ce fait, que réciprocité de services.

Nous distinguerons :

Les sociétés commerciales en nom collectif ou en commandite ;

Les sociétés anonymes à responsabilité limitée;

Les sociétés anonymes autorisées.

Pour les premières, liberté entière d'en prendre ou d'en refuser. Pour faire un commerce quelconque, il suffit de payer patente et de se soumettre aux obligations que le droit commun impose. C'est une fonction individuelle dans laquelle la responsabilité étant entière, l'action doit être libre sous tous les rapports.

Dans les sociétés anonymes à responsabilité limitée, la responsabilité individuelle disparaissant après avoir fait la part du feu, le droit commun auquel est soumis tout individu subit une restriction. Les pouvoirs publics ont donc le droit de demander une certaine garantie, une espèce de cautionnement. La loi, dans ce but, déterminerait, pour ces sociétés, une quantité, proportionnelle, fixe, du capital social, un 15e un 12e, par exemple, que chacune d'elles serait tenue d'employer en 3,65. De cette manière, en cas de désastre, tout ne serait pas perdu, et certains porteurs auraient en main, pour les dédommager, une créance productive sur l'Etat.

Quant aux sociétés anonymes autorisées, ce ne serait pas par une loi générale déterminant une quantité fixe que l'on établirait la somme à employer ainsi. Ces sociétés, ayant besoin d'une autorisation pour exister, le Conseil d'Etat, vérifiant et approuvant les statuts, apprécierait, suivant l'espèce, la quantité possible à employer en 3, 65 sans gêner les opérations. Les statuts, indiquant la marche que veut suivre la société, seraient le meilleur critérium et la base de jugement la plus solide. Le Conseil d'Etat fixerait donc d'après eux, le Ministre des finances et les fondateurs de la société entendus ou représentés, les époques des versements et leur montant. Dans les cas divers, suivant que la société s'occuperait de circulation ou d'entreprises, cette quantité serait plus ou moins forte, et les versements plus ou moins promptement exigibles. Ainsi, dans les sociétés comme le Crédit mobilier, où le capital est souvent employé et où la circulation est secondaire, une portion seule serait exigée; dans la Banque de France, où le capital n'est que de garantie et est même toujours une inutilité, l'on pourrait obliger à l'employer entièrement en 3,65.

Le Conseil d'Etat serait souverain en cette matière, la société étant toujours libre de se constituer ou non.

Si les sociétés demandant une autorisation d'exister, trouvaient cette exigence exorbitante, l'Etat leur répondrait :

Vous n'êtes que des individus isolés à forces limitées et à responsabilité complète; vous voulez, en vous réunissant, constituer un être collectif à l'existence duquel vous ne participerez que d'une manière déterminée. Vous désirez acquérir plus de forces, et courir des risques limités. Pour cela, vous avez recours à moi, qui seul puis reconnaître et mettre au jour cet être moral nouveau qui naîtra de votre réunion. Seul, je puis le féconder, lui donner la puissance collective. En retour, je vous demande un acte qui ne gênera nullement l'action de cet être fictif; — nous verrons même que cet acte lui sera au contraire avantageux ; — en un mot, vous venez me demander l'existence ; si vous voulez le baptême, faites *acte de foi*. Vous voulez qu'en vous donnant le caractère public, je sois intermédiaire entre le public et vous; soyez, à votre tour, intermédiaires entre le public et moi. Prenez mon papier et affirmez-le, récitez mon *Credo* devant tout le monde. Sinon, restez ce que vous êtes; individus, soumis au droit commun, avec vos forces personnelles limitées et votre responsabilité illimitée.

En fait, l'Etat n'a pas dit autre chose à la Banque de France, lorsqu'il lui a imposé à 75 fr. l'immobilisation en rentes de tout le doublement de son capital. Dans notre plan, la négociation étant, au contraire, une nécessité, la position de ces compagnies serait plus avantageuse que ne l'est celle de la Banque.

Lorsque, considérant l'unité nécessaire en matière de monnaie métallique et l'unité acquise en matière de monnaie fiduciaire, par la force des choses et au moyen du privilége, nous repoussons tout système mixte, et nous demandons la liberté des banques avec le droit commun pour les émissions; ce n'est qu'à la condition expressément indispensable de constituer en même temps une émission assez générale pour venir en aide aux émissions privées diverses, et les régulariser en établissant un point commun supérieur.

Constituer ce point commun par privilége est, à notre avis, injuste en droit et désastreux en pratique.

C'est là une fonction gouvernementale, l'État seul peut la remplir. Pour cela, il faut, en fait d'émission, qu'il trouve une valeur appréciable ayant une raison d'existence; il n'en a qu'une, sa dette. L'émettre est facile, c'est là sa fonction; mais la faire circuler devient une fonction commerciale particulière; il faut donc trouver des particuliers pour la remplir, c'est là le rôle des sociétés. Le pourront-elles? nous le pensons. Elles peuvent, en effet, par le fait de leurs négociations, s'organiser pour le remboursement à vue et au porteur, et dès lors rien n'est plus facile pour elles que de rendre une valeur circulante. Négocier et Rembourser, voilà les deux points extrêmes de la Circulation.

La question de contrôle en matière d'émission gouvernementale est la première qui se présente. L'on a eu, en effet, de si mauvais exemples de papier-monnaie, que l'on craint tout ce qui pourrait s'en rapprocher.

Indépendamment du contrôle administratif et hiérarchique, il existerait d'abord le contrôle souverain de la nation par ses représentants et l'opinion. Or, aujourd'hui, le contrôle de l'opinion existe partout et dans les faits et dans les idées, ce qui est bien mieux. En matière financière il existerait d'autant plus, puisque tout le monde y serait intéressé. Nous n'aurions donc pas à craindre que des expériences malheureuses comme celle de Law vinssent déterminer des catastrophes épouvantables. Les pouvoirs publics se respectent et sont, par nos mœurs et nos lois, obligés de se respecter bien plus que le Régent d'Orléans n'était susceptible de le faire. Il existerait encore un autre contrôle bien autrement efficace, celui de l'intérêt personnel, résultant des caractères essentiels du billet à rentes circulant.

Ce contrôle nouveau s'établirait tout seul.

En effet, pour confectionner un billet, il faut l'État, il pourrait abuser; mais pour que le billet circule et soit négocié, il faut le négociateur et son estampille, sa signature. Or, il est évident que l'État, pour le bon plaisir d'un étranger quelconque négociateur, n'ira pas se grever de 3,65 de rente à servir, s'il n'en a préalablement touché le montant en capital. D'autre part, le négociateur n'ira pas donner sa signature à l'État et se soumettre au remboursement à vue et au porteur d'un billet, s'il n'a préalablement reçu ce billet. Il ne pourrait, en effet, le rembourser à la circulation qu'avec ses fonds personnels, puisque, ne l'ayant pas négocié, il n'aurait pu recevoir d'elle les équivalents nécessaires. Les pouvoirs publics ne pourraient permettre à l'Etat de donner gratis son billet; l'intérêt du négociateur s'opposera à ce qu'il donne pour rien sa signature.

Le public, sachant qu'un billet n'est complet que lorsque les deux caractères privé et public sont réunis, ne le prendra comme monnaie que lorsqu'il les trouvera ensemble.

Le contrôle se fera donc tout seul, et l'Etat ne

pourra émettre du 3,65 autrement que de concert avec un négociateur, puisque le 3,65 ne sera pas vendable et que toute transaction officielle sur ce fonds sera interdite.

Si maintenant l'on veut appeler ce papier d'Etat, négocié par un particulier, du papier-monnaie, on le peut; mais nous répondrons que ce n'est autre chose que le billet de banque actuel, négociable comme lui, remboursable comme lui, n'ayant pas plus de cours forcé que lui ; supérieur néanmoins puisqu'il possédera la jouissance d'un intérêt que le billet de banque actuel ne possède pas, et, qu'il donnera droit, en dehors des valeurs qu'il représentera, à une valeur certaine, une créance sur l'Etat, tandis que le billet de banque aujourd'hui, en dehors des valeurs qu'il représente, n'est absolument qu'un chiffon de papier.

Quant à la pratique :

La Banque a dans son actif 140 millions en rentes qu'elle garde en portefeuille et dans son passif 820 millions de billets. Supposons qu'elle transforme les 140 millions de rentes en 3,65 et qu'elle offre d'échanger ces 140 millions de billets nouveaux contre égale quantité en diminution des 820 circulants ; — les porteurs se presseront aux guichets. — Éprouvera-t-elle plus de difficultés pour rembourser les 820 millions, dont 140 en 3,65, que pour rembourser ceux qui circulent? Y aura-t-il un changement dans sa situation?

Supposons encore que M. de Rothschild ait le

droit d'apposer sa signature sur un 3,65 semblable; qu'à cet effet il convertisse ainsi ses rentes, et qu'il les introduise en billets dans la circulation. Évidemment il ne les donnera pas gratis et la circulation lui donnera des équivalents qu'il encaissera. Comme il sait, et que tout le monde est persuadé qu'il sait diriger sa maison, il calculera les probabilités de remboursement à vue et au porteur, comme le fait la Banque, et si un ou plusieurs billets se présentent, il aura su garder un encaisse de prévoyance et il remboursera sans difficulté. Toute autre maison pourra en faire autant.

Dans cette pratique, l'unité en matière de monnaie fiduciaire se trouvera constituée. Il n'existera qu'un seul type, le billet d'État; la diversité ne sera que secondaire, elle résidera en l'estampille du négociateur. Le résultat sera la liberté entière de chaque négociateur pour les billets souscrits par lui, en même temps qu'une solidarité, une cohésion entre toutes les maisons négociatrices reliées par le type unique. Tout négociateur, en effet, pourra, sans crainte, lorsqu'il le voudra, user du billet négocié par un autre, puisqu'en cas de faillite de cet autre négociateur il pourra s'approprier totalement le billet du failli et liquider sa position, en faisant simplement changer l'estampille et mettant la sienne à la place.

Les grandes maisons commerçantes, industrielles, qui voudraient de ces billets pour les avoir en réserve et les utiliser dans les grands moments, le pourraient avec d'autant plus de raison que les bonnes affaires ne se font qu'en temps de crise. Leur 3,65 serait pour elles des ressources qui porteraient en même temps secours à la circulation, c'est-à-dire à tout le monde, et éviteraient, par leur introduction dans les transactions, les aggravations de crises par suite de resserrement monétaire provenant des augmentations d'escompte.

Elles pourraient, par ce moyen, en temps ordinaire, convertir leur coffre-fort en banque de dépôt à intérêt.

Il est à ce propos une remarque bien essentielle à faire. C'est la difficulté d'établir des banques de dépôt à un intérêt sérieux. Toutes celles que nous voyons fonctionner, quelque puissantes qu'elles soient, donnent 2 ou 2 1/2 0/0, ce qui est vraiment dérisoire; aussi les dépôts sont-ils généralement mouvementés. Avec du 3,65, l'on obtiendrait un revenu assez convenable et d'un calcul bien facile. La Banque de France, qui prend l'argent des déposants pour rien, aurait en moins la peine de tenir des comptes courants; nous admirons la générosité de clients semblables, mais nous croyons qu'ils préféreraient avoir chez eux leur argent en 3,65.

L'on considère, avec raison, une extension des dépôts en compte courant comme dangereuse pour une banque, surtout lorsque ces dépôts sont à intérêt. En effet, pour retrouver l'intérêt qu'elle paie et voir sa responsabilité rémunérée, toute banque est obligée d'employer l'argent qui lui a été confié. Comme elle est soumise à une demande de remboursement, il peut arriver que des demandes de ce genre se présentent en assez grande quantité pour la gêner. Elle a beau prendre des mesures de latitude pour ses remboursements, ces mesures ne prouvent que la vérité de ce que nous avançons. Avec le 3,65, l'intérêt étant déjà bien suffisant, les éventualités de remboursement s'éloigneraient de plus en plus. Les banques, n'étant pas obligées de servir un intérêt, puisque c'est l'État qui le devra, n'auraient pas besoin de pousser à l'emploi lucratif et quelquefois hasardé des fonds déposés chez elles pour couvrir l'intérêt qu'elles servent. Le porteur de numéraire qui se décide quelquefois trop vite à entrer dans une affaire, parce que ses fonds ne lui produisent rien ou lui produisent trop peu, aurait le temps d'attendre sur du 3,65 avec plus de revenus, par suite plus de patience. Il ne peut aujourd'hui se poser pour 15 jours, un mois, sur la rente, car les courtages et les frais, sans compter les éventualités des variations, peuvent lui faire subir une perte; il se poserait sur du 3,65 dont la négociation s'opérera par une simple livraison comme pour le numéraire ou le billet de banque actuel.

Lorsqu'une demande de remboursement serait faite à une banque, elle échangerait son numéraire d'encaisse improductif contre du 3,65 productif.

Avant de passer à l'examen de la négociation du 3,65 0/0, il est une remarque que nous tenons à faire, afin de bien déterminer ce que sera et pourra être ce fonds dans ses divers états. Quelques conversations que nous avons eues à ce sujet nous font craindre que l'on ne se méprenne sur ses véritables caractères. Les objections que l'on nous a présentées ne sont pas sérieuses et proviennent d'une confusion économique. Nous croyons cependant important de les relever, parce qu'une idée fausse est souvent plus dangereuse qu'une vérité contradictoire.

L'on nous a soutenu que, dans l'esprit public, le 3,65 0/0 baisserait si le 3 0/0 baissait; et, ajoutait-on, quoi que vous fassiez, il suivra toujours les péripéties de la Rente.

A cela nous répondons : Est-ce que le billet de banque suit les péripéties des actions de la Banque? Le 3,65 ne peut suivre les variations du 3 0/0, en voici les motif s:

Le 3,65 est un fonds d'Etat, c'est vrai; mais quand? mais où? Lors de l'émission et avant l'estampille de la maison négociatrice. Nous admettons même qu'il reste fonds d'Etat, tant qu'il est dans les caisses de la maison négociatrice. Pour être variable et pour être vendu, il faut qu'il reprenne sa forme de 3 0/0.

Il existe un créancier, le négociateur, et un débiteur, l'Etat.

Jusque-là il est fonds public non vendable.

Mais au moment où le négociateur le lance dans la circulation, *il devient billet de banque*. Dans ce contrat entre le preneur et le négociateur, l'Etat n'est rien. En capital, le fonds public n'existe plus. Il n'y a qu'un engagement remboursable à vue et au porteur. Or, cet engagement est fixe, limité, invariable. Il est écrit en toutes lettres, et le droit du porteur vis-à-vis du négociateur est entier pour la somme inscrite.

Le porteur, s'il le veut, peut bien aller le vendre; en 1848, l'on a bien vendu à perte des billets de banque; mais il serait bien mal avisé s'il le vendait moins de 100 francs, puisqu'en allant à une caisse désignée il a le droit de se le faire rembourser à ce prix. Si l'on voulait le vendre à perte sur une grande échelle, les banquiers négociateurs réaliseraient des bénéfices considérables en achetant ces billets au-dessous de 100 francs, puisqu'ils encaisseraient à 100 francs les équivalents qu'ils auraient pris en échange.

Nous ne croyons pas devoir nous appesantir davantage sur ce point.

Nous avons maintenant à examiner si, sans gêner les opérations des sociétés, la pratique du 3,65 serait facile par leur intermédiaire. Nous allons donc les passer en revue aussi rapidement que nous pourrons, étudier leurs fonctions et leurs positions diverses.

Nous commencerons cet examen par les banques et les institutions de crédit; nous passerons ensuite aux autres sociétés.

SECTION PREMIÈRE.

Banques et Institutions de crédit.

Les banques et les institutions de crédit peuvent se diviser en trois catégories bien distinctes, suivant les caractères divers de leurs opérations.

Les unes, la Banque de France, le Comptoir d'escompte, le Crédit industriel et commercial, les maisons de banque privées, qu'elles fassent plus ou moins d'opérations sur lettres de change, billets à ordre, comptes courants, warrants, dépôts d'argent, de titres, de marchandises, avances sur lingots, fonds publics, valeurs industrielles, ne font en somme que les mêmes séries d'opérations, aboutissant toujours à la substitution d'un engagement à un autre. Elles prennent une valeur fixe représentant un capital actuellement existant ou d'une existence différée, l'affirment jusqu'à une certaine époque nommée échéance, toujours exacte, déterminée et en général assez rapprochée.

La Banque de France, par privilége, a le droit de ne pas déterminer cette échéance. Elle rembourse à vue et au porteur. Par ce fait seul, l'échéance de ses billets peut être instantanée ou bien indéfiniment renvoyée.

L'échéance rapprochée donne aux opérations de ces institutions le caractère d'*avances*.

Pour cette profession, il faut de la prudence ; c'est de toutes la plus sûre, celle qui, à la longue, doit procurer le plus de bénéfices moyens. Tout se résout en une question de choix de valeurs, de garanties et de sûretés à prendre.

Ces institutions reçoivent des engagements entiers, fixes, pour lesquels elles possèdent un droit, un recours entier et complet ; en échange, elles donnent d'autres engagements fixes, exacts, conférant aussi des droits et des recours complets.

Elles sont instruments de mouvement et de circulation.

Elles font appel aux *déposants.*

D'autres, les institutions de crédit, font des opérations à plus long terme, comme le Crédit foncier et ses annexes, et comme devrait en faire une caisse à créer sous le nom de Crédit mobilier (nouveau), réunissant les attributions des monts-de-piété et opérant des prêts sur dépôt de titres à longue échéance autres que titres commerciaux.

Comme les premières, elles substituent leurs engagements à ceux qu'elles reçoivent ; mais elles sont intermédiaires de placement et non d'avances. Les résultats comme bénéfices sont mathématiques ; elles prennent des sécurités encore plus grandes : leurs garanties consistent en gages toujours supérieurs aux engagements qu'elles donnent en échange de ceux qu'elles reçoivent.

Par la durée de leurs opérations, elles ne font pas des avances, elles font des *prêts.*

Elles sont instruments de placement.

Elles font appel aux *capitalistes*, aux *rentiers.*

Viennent enfin les institutions qui n'ont plus la circulation ni le placement pour objet, qu'il ne faut pas appeler *banquiers*, mais que nous nommerions *créditiers*, pour exprimer une nuance ; elles ne prêtent pas, elles fondent. Elles recherchent un être à créer, le prennent à l'état de projet, le soutiennent à l'état d'embryon, le font naître, grandir, se développer. Si l'affaire est bonne, elles gagnent; sinon, leurs recours sont nuls, leurs pertes sèches. La plus haute expression que nous en connaissions est le Crédit mobilier (actuel), qui devrait échanger son nom en celui de *Crédit fondateur*.

Leur but est la création. Il ne faut plus de la prudence seulement, il faut de l'intelligence. Les garanties ne consistent plus ni en recours ni en gages, elles sont nulles.

Ces institutions ne sont plus intermédiaires de circulation ni de placement; elles sont instrument d'action.

Elles ne font plus ni prêts ni avances; elles *participent*.

Elles font appel à l'*entrepreneur*, à l'*actionnaire*.

La rubrique Banques et Institutions de crédit comprend tous ces établissements. Dans la pratique, chacun choisit sa spécialité principale comme opérations. Cependant, il fait toutes celles qui sont en dehors de cette spécialité, lorsque l'occasion s'en présente, mais ce n'est jamais alors que secondairement.

Les banques pourraient, sans difficulté aucune, se charger du 3,65 de l'Etat, qu'elles négocieraient.

Rien ne leur serait plus facile; leur organisation de circulation et le caractère de leur capital le démontrent.

A quoi sert le capital dans les banques? La position

des divers établissements existants va nous répondre.

Le Crédit industriel et commercial a appelé 125 fr. sur son capital de 500 fr., soit le quart. Le Crédit foncier colonial a aussi appelé un quart; le Sous-Comptoir du commerce un quart; le Crédit agricole un cinquième; le Crédit foncier, sur ses actions anciennes et nouvelles, a appelé 250 fr., soit la moitié.

Le reste sera ou ne sera pas appelé. Ces institutions considèrent comme avantageux de ne point appeler le complément; elles ont raison, car, à affaires égales, les bénéfices sont supérieurs comme taux. Le public peut penser que si tout le capital était engagé, ces compagnies, pour gagner autant comme taux, seraient obligées de faire plus d'affaires, d'offrir plus souvent leurs services, par suite d'abaisser les prix et de se rattraper sur le nombre en se donnant plus de peine; mais comme le public n'a pas à toucher les dividendes, il peut penser ce qu'il voudra, on lui répond : Nous sommes engagés pour le tout, cela vous sert de garantie.

La Banque de France a tout son capital engagé; mais, par la loi du 9 juin 1857, elle a été forcée d'en convertir tout le doublement en rentes sur l'Etat, qu'elle ne peut négocier. Pour ses affaires, c'est donc comme si elle n'avait appelé que la moitié.

C'est surtout par l'examen de la Banque de France que nous allons discuter la question qui nous occupe. Ses opérations sont nettes, faciles à saisir, et elle est plus généralement connue. Nous ferons toutefois observer, qu'à part quelques différences de forme résultant de son privilége, ses opérations sont les mêmes que celles de toute autre société faisant des avances et intermédiaire de circulation.

Prenant son bilan du 8 octobre 1863, nous trouvons :

En rentes immobilisées (loi du 9 juin 1857),	100,000,000 fr.
En rentes, fonds disponibles,	36,789,051
Ensemble :	136,789,051 fr.

Pour faciliter et rendre plus rapide notre raisonnement, nous élevons ce chiffre à 140 millions. Nous le faisons sans scrupule, parce que nous ne prenons pas le bilan dans toute sa rigueur, et que, par suite, nous croyons pouvoir affirmer que, nous tenant à ce chiffre, notre théorie raisonne avec des arguments inférieurs à ceux qu'elle pourrait employer.

Nous demandons :

Si, faisant disparaître du passif capital ces 140 millions et les distribuant aux actionnaires, par conséquent si, retranchant de l'actif ces rentes, cela changerait la balance et le mouvement des opérations contenues dans ce bilan, et si la valeur de ces opérations diminuerait d'un centime.

En un mot, à quoi servent, pour les opérations de de la Banque, ces 140 millions auxquels elle ne peut toucher, en vertu de la loi du 9 juin 1857, et des achats qu'elle a faits et qu'elle conserve, plutôt que de les liquider avec pertes?

L'on nous répond que ce capital sert de garantie aux porteurs de billets.

Pour nous, nous ajoutons qu'en application, ce

capital garant est comme le capital non appelé des sociétés dont nous avons parlé plus haut, une *inutilité*, et que les fonds pour lesquels la Banque joue, forcément ou volontairement, le rôle de rentière, ne sont pas plus nécessaires pour son commerce que ne le sont, pour M. de Rothschild ou tout autre banquier, commerçant, industriel fort riche, les biens-fonds, rentes, meubles, tableaux, objets d'art qu'ils possèdent, et qui sont garants par le recours qu'auraient les tiers porteurs.

Mais ce qui est permis à M. de Rothschild ou tous autres qui, après tout, ne font que leurs affaires, ne doit pas être permis à des établissements anonymes autorisés, venant demander une existence collective et faire, disent-ils, les affaires du public, remplir une fonction, un service général.

Cela doit encore moins être permis à un établissement privilégié comme la Banque.

Qu'un particulier restreigne ses services, qu'il réduise ses affaires, que par conséquent il accepte une restriction dans ses bénéfices, il en a le droit; mais la Banque a un privilége qui l'oblige à rendre tous les services qui n'excèdent pas ses forces. Dût-elle gagner fort peu, son devoir est un devoir public qu'elle n'a pas le droit de circonscrire dans des limites à sa fantaisie. Elle se doit à tous, elle n'est pas maîtresse d'elle-même; qu'on y réfléchisse! Voilà la contre-partie du privilége qui ne lui a pas été octroyé et renouvelé pour qu'elle puisse, à son aise, faire la fortune de ses actionnaires, mais bien pour qu'elle fasse ou qu'elle aide à faire la fortune du pays.

Dans la pratique actuelle, en l'obligeant à métamorphoser le caractère de garantie de son capital en celui d'inutilité, — obligation à laquelle elle s'est soumise et dont elle a volontairement dépassé les limites, — l'on a diminué sa puissance d'action, et elle s'est fait accorder le droit d'augmenter le prix de ses services pour se faire dédommager de cette obligation. Élever son escompte au-dessus de la limite légale à sa volonté, tel est le droit ultra-particulier qu'elle a obtenu.

L'on a entassé sophismes sur sophismes pour justifier la pratique actuelle dont la liberté des banques aurait eu raison par la force même des choses, et l'on n'a trouvé qu'un bon prétexte comme intentions : celui de la prudence des pouvoirs publics prenant leurs mesures pour donner toute sécurité aux porteurs créanciers. L'on a abouti à constituer un établissement privilégié, qui se regarde comme le souverain juge et le souverain dispensateur en matière de crédit; qui se permet, du haut de sa toute-puissance, de donner des avertissements au commerce en les faisant payer 1, 2, 3 0/0, davantage s'il le veut, au delà de la limite légale, pouvant même atteindre et dépasser le taux de l'usure la plus répréhensible.

La liberté saurait donner des avertissements aussi sérieux que ceux que donne la Banque; mais elle les ferait payer moins cher.

Cela vient de ce que l'on ne s'est jamais bien rendu compte du fait principal de Banque.

Ce fait principal est la substitution d'un débiteur

général à des débiteurs particuliers; mais, en même temps, la contre-partie, c'est-à-dire la substitution d'un créancier général à des créanciers particuliers reçoit une application correspondante. Ces deux faits sont liés indissolublement l'un à l'autre, et jamais une banque quelconque ne voit sortir une valeur sans en voir rentrer une autre équivalente. Jamais elle ne négocie un billet sans recevoir en échange une valeur : or, argent, traite, n'importe.

Cela posé, supposons son capital de 200 milllions ;

Ses billets en circulation de 800 millions.

Dans la pratique actuelle, elle aura 800 millions de billets en dehors, mais elle en aura la représentation exacte, plus son capital, employé en rentes ; inutile, puisqu'il ne sert pas, mais garant, puisqu'en cas de pertes il se déplacerait et viendrait concourir.

Suivant la pratique que nous demandons, son capital employé en rentes négociables, et par suite obligé de circuler, — car la liberté des banques et la concurrence obligeraient à le mettre dans le commerce, — avec 800 millions de billets en circulation elle devrait 600 millions au public et 200 à elle-même. En cas de pertes et sans rien déplacer, ce capital viendrait tout naturellement concourir, puisque la liquidation, amenant le payement des 600 millions du public, obligerait la réduction provenant des pertes à porter sur les 200 millions qu'elle se devrait à elle-même. Son capital, en ce cas, n'aurait pas perdu le caractère de garantie, puisqu'il aurait couvert les pertes; mais il aurait été utile.

Notre opinion, touchant cette inutilité du capital, est confirmée par l'opinion de M. le comte Mollien, qui est une autorité en cette matière, par les faits d'immobilisation volontaire ou forcée du capital de la Banque, par les appels de fonds partiels pratiqués par les autres sociétés. Si l'on veut même remonter plus haut, nous établirons qu'elle était admise depuis bien longtemps par la Banque elle-même, puisqu'elle manœuvrait dans le but de l'extinction de ce capital. De 1803 à 1820, en effet, elle avait pris pour système de racheter ses actions, et dans cette période de 17 ans, elle en avait déjà remboursé 22,100 sur 90 mille, nombre total à cette époque. Sur 90 millions, elle l'avait déjà réduit de 22 millions 100 mille francs, près du quart.

Nous croyons ces faits assez peu contestables et assez concluants.

Le mode actuellement employé est, en outre, à notre avis, bien plus dangereux, en pratique, que celui qui obligerait, par la liberté et la concurrence, à introduire le capital dans les affaires.

En effet, raisonnons dans une hypothèse inadmissible, nous l'avouons, mais nécessaire pour nous bien faire comprendre en peu de mots.

Supposons que tout le monde fasse faillite à la Banque et que, de son côté, elle fasse faillite au public; que tout soit perdu. Admettons un capital de 200 millions et des billets circulants pour 800.

Il arrivera :

Son capital engagé pour le tout dans son commerce, — qu'elle fera perdre 800 millions, moins son capital. Elle perdra donc 200 millions, mais le public en perdra 600.

Son capital placé en rentes non négociables, — elle fera perdre 800 millions au public, mais l'on aura recours contre son capital. Que vaudra-t-il?

Les rentes, quoique non négociables, devront être vendues, car la liquidation y obligera; à quel prix les vendra-t-on? Admettons qu'une dépréciation de 25 0/0 se produise, — pour un semblable effondrement nous ne croyons pas qu'une baisse de 25 0/0 soit exagérée, — le capital de 200 millions sera réduit de 50. Le public aura donc un recours contre 150 millions. La Banque, comme dans le cas précédent, aura perdu tout son capital; mais le public aura perdu 650 millions.

Avec la pratique, qui, par la force des choses, oblige à l'emploi total du capital, le public aurait perdu 50 millions de moins. Cela se comprend, c'est que, par suite d'une catastrophe, le porteur verrait une dépréciation faire diminuer à vue d'œil et presque fondre le gage en capital à réaliser.

N'allez donc pas, sous prétexte de veiller à la sécurité publique, réglementer des affaires purement commerciales et obliger une maison à suivre des pratiques forcées. Obligez-la, au contraire, non par des lois et des décrets, mais par la force des choses et de la libre concurrence, à faire mieux que les autres, et laissez-lui la liberté de ses mouvements.

En finances et en commerce, la liberté n'est pas à craindre. Elle a un correctif bien puissant, la ruine, pour ceux qui font fausse route. Là, plus que partout ailleurs, se voit l'application absolue, inflexible de la loi de responsabilité. Quiconque se trompe s'en aperçoit vite; la colonne Profits et Pertes le lui montre sans ménagement. Une balance ne ment pas. Laissez chacun se mouvoir, l'illusion et le vague ne sont pas de longue durée. Il est un moment où un homme est forcé de s'arrêter: la situation est plus forte que lui.

Soyez persuadés que, pour le bon plaisir du premier client venu, personne n'ira prendre des engagements gratis, et que, pour gagner 3 francs ou 3 fr. 50, l'on ne s'exposera pas de gaieté de cœur à en perdre 100. Toute banque est plus à même que tout théoricien de prendre les sécurités désirables, de les juger et de les peser, et, quelques conseils qu'on lui donne, elle saura mieux diriger sa barque, avec son jugement et son expérience continuelle de ses propres affaires, que ne le ferait, avec ses maximes profondes, le plus sentencieux et le plus grave de ses conseillers.

Tout banquier sait fort bien que, pour être bon banquier, il n'est besoin ni de phrases ni de hautes considérations. M. Gibbart, dans son *Practical Treatise*, l'a parfaitement expliqué, d'après sa longue expérience. Il faut *avoir le sens commun* pour juger les actes de crédit et en bien discerner la limite. Chacun sait, en outre, que la grande science pratique, est la combinaison exacte des entrées et des sorties de toute espèce, la prévision des remboursements obligés et la bonne organisation des encaissements pour y parer.

Si, sous prétexte de sécurité, de garantie, de prudence, l'on crée à une banque importante une position anormale, elle peut accepter ; mais, à coup sûr, elle demandera et elle obtiendra quelque chose.

Les faits le prouvent.

Cela posé, nous soutenons :

Que le droit d'émission accordé par privilége à un particulier est une monstruosité économique et politique;

Que ce droit n'est, en d'autres termes, que celui de battre monnaie ;

Que ce privilége peut, dans des circonstances périlleuses, entraîner l'État et faire remonter jusqu'à lui une responsabilité effective ; et que, dans des circonstances normales, il le soumet à une responsabilité morale bien lourde;

Que, pour obvier à cette responsabilité, l'État est obligé de s'immiscer dans des affaires privées et de gêner la liberté du particulier ou maison collective investie de ce privilége ;

Que l'émission privilégiée est un fait indépendant du fait de remboursement à vue et au porteur; que ce remboursement peut très-bien exister, l'émission appartenant à l'État ;

Enfin, que l'abandon du droit d'émission par l'État amenant à la constitution d'un privilége en faveur d'un particulier, empêche, par cela même, la liberté des banques, et, par suite, met obstacle au développement du travail et du crédit; qu'il résulte de l'absence de liberté en matière de banques un renchérissement factice et anormal du loyer des capitaux en faveur du privilégié et au détriment de la richesse générale.

Quant à l'émission ou fait de battre monnaie;

Le monnayage consiste en l'application d'une estampille officielle et la détermination d'une valeur fixe sur un objet quelconque. C'est par l'effigie et le chiffre inscrit que la médaille devient monnaie. Son caractère officiel la rend obligatoire, son cours est forcé.

Comme sanction, le Code pénal la protége spécialement en punissant le faux monnayeur d'une autre peine que le simple faussaire. C'est un crime *sui generis* dirigé contre la société, la chose publique et le principe de la souveraineté, emportant par suite une pénalité plus haute.

La Banque de France n'émettrait pas une monnaie en livrant au public un billet estampillé avec inscription de valeur; il n'y a pas de négociant qui n'en fasse autant; mais en étant dispensée de la détermination du créancier, elle possède un privilége qui rend son billet impersonnel et général comme la monnaie; en soutenant que ce privilège est exclusif et que l'État ne peut en accorder de semblable à personne, elle se rapproche de plus en plus de la monnaie légale, puisqu'elle se déclare en dehors du droit commun et que seul le Souverain peut en sortir. En inscrivant sur ses billets, que l'article 139 du Code pénal punit des travaux forcés à perpétuité..... etc., elle prouve que la loi accorde, par préférence, à ses billets une pénalité sociale que possède seule la monnaie légale. Enfin et pour dernier caractère qui rend ce billet tout à fait égal à la monnaie de l'État, il possède en puissance le cours forcé, c'est-à-dire la force obligatoire ; cette force qui fait que la monnaie légale est une lettre de change à laquelle tout le monde doit faire honneur. Comme acheminement à ce cours forcé qui n'existe que dans les circonstances critiques, les admirateurs de la Banque commencent à agiter la question du cours légal et celle du droit de différer ses remboursements.

En vain objectera-t-on que le cours forcé n'a existé qu'en 1848, moment exceptionnel; qu'il n'était pas justifié par la position de la Banque ; qu'il n'a été établi que pour parer à des difficultés pratiques et n'a jamais eu le caractère forcé pour des billets ne représentant pas leur valeur véritable ; par conséquent que le billet de la Banque n'a jamais été du papier monnaie dans le mauvais sens du mot.

Nous répondrons que posséder un droit en puissance, c'est le posséder en fait, et qu'il ne faut qu'une occasion pour l'exercer; que, s'il le fallait ou même que, si la Banque le voulait, à un moment donné, elle amènerait forcement l'État à le lui accorder, sous peine de déterminer une catastrophe épouvantable entraînant tout et l'État d'abord.

Quant à la justification du fait de 1848, nous ne discutons pas que le cours forcé n'ait été qu'une mesure de sûreté publique que nous sommes loin de blâmer, sans mauvais caractère, sans injustice ni arbitraire, mesure de précaution pure, et essentiellement conservatrice.

Mais cela n'infirme point notre théorie.

Ou le cours forcé est juste, ou il ne l'est pas. Cela ne fait rien à la question de savoir si, à un moment, la Banque n'est pas ou ne serait pas assez forte pour obliger l'État à le lui accorder et à rendre ses billets monnaie.

Si le cours forcé était juste, l'état économique ne serait pas troublé. L'or, l'argent, les choses précieuses, faciles à cacher, emporter, enfouir, resteraient avec la confiance et ne fuiraient pas; les produits divers conserveraient leur valeur courante.

Si le cours forcé était injuste, l'état économique serait, au contraire, profondément troublé. L'or, l'argent, les choses précieuses faciles à cacher, enfouir, emporter, fuiraient avec la confiance et feraient des primes énormes. Les produits divers subiraient instantanément un renchérissement désordonné.

C'est ce qui est arrivé du temps de Law, et avec les assignats; cela arrive aussi dans les cas d'altération du numéraire. Les mêmes phénomènes se représentent lorsque les causes sont identiques ; l'histoire est là pour le démontrer. On a beau décréter des cours forcés et toutes mesures arbitraires, la valeur étant un rapport, toutes les lois sont impuissantes à la régler. C'est l'état économique qui l'établit, et le renchérissement considérable et proportionnel qui se produit infailliblement ramène l'équilibre parfait entre la monnaie altérée et les choses que l'on est obligé de se procurer par son intermédiaire. — L'on soutient qu'un billet de banque n'est pas de la monnaie, qu'il n'en est qu'un représentant; mais la moindre lettre de change n'est aussi qu'un représentant de monnaie. Voudra-t-on soutenir qu'un billet de banque n'est pas quelque chose de plus? Nous déclarons, quant à nous, que s'il est représentant de monnaie, c'est à un titre officiel que tout le monde ne peut avoir; que ce titre officiel lui est conféré par le privilége et consacré par le cours forcé, en temps critique; beaucoup de publicistes, avons-nous dit, demandent qu'il lui soit confirmé, en temps ordinaire, par le cours légal.

A l'appui de notre opinion, nous engageons à lire le rapport de la commission du 9e bureau du Corps législatif, dans la séance du 21 novembre 1863; l'on verra si la doctrine de M. du Miral, rapporteur, n'est pas, au sujet de la Banque et du caractère de monnaie de ses billets, en tous points conforme à la nôtre.

L'on ajoute que la Banque émettant un billet, ne crée rien de nouveau, qu'elle ne fait qu'émettre une valeur représentative d'autres valeurs qu'elle possède; mais est-ce que le Gouvernement, en émettant une pièce de 20 fr., crée quelque chose de nouveau, ou bien émet autre chose qu'une valeur représentative? Il émet une pièce de monnaie représentative de la valeur de l'or qu'elle porte avec elle.

La monnaie, encore une fois, n'a pas de valeur. Elle n'est qu'un caractère attaché à un objet; que la monnaie ne soit pas *signe* de valeur; que ce caractère ne puisse régulièrement porter sur des objets dépourvus de qualités économiques intrinsèques ou représentatives, cela n'est pas douteux; mais il n'en est pas moins vrai qu'il ne faut pas confondre la valeur de l'objet monnaie avec le caractère dont cet objet est revêtu.

Pourrait-on forcer à accepter comme monnaie un jeton de 20 fr.? Non.

Pourrait-on forcer à accepter comme monnaie une pièce de 20 fr. fausse, tant que le faux ne serait ni argué ni reconnu? Oui.

Celui qui, sans frauder ni sur le titre ni sur le poids, contreferait une pièce de 20 fr., serait-il un faux monnayeur et puni comme tel? Oui.

Celui qui contreferait un jeton d'une valeur de 20 fr., sans frauder ni sur le titre ni sur le poids, serait-il un faux monnayeur et puni comme tel? Non; il n'y aurait pas même contravention.

La monnaie est un caractère et un mécanisme au moyen duquel on simplifie les échanges. Sa valeur intrinsèque ou représentative n'est autre chose que le motif de la confiance générale et de son acceptation naturelle.

La valeur est un rapport, et l'état économique

général des prix se règle suivant la justesse ou la fausseté de ce rapport entre l'objet ayant caractère de monnaie et les autres objets d'échange.

Mais le caractère de monnaie étant général ne peut être imprimé que par le Souverain représentant naturel de la généralité.

Les discussions théoriques sur le cours forcé et sur le cours légal n'aboutissent qu'à prouver ce que nous soutenons : que la Banque de France possède, par position, des droits plus qu'individuels; que ses billets ont le caractère que nous leur reconnaissons, c'est-à-dire possèdent des avantages que ne peuvent posséder ceux d'une maison commerciale ordinaire; qu'en un mot la Banque est en dehors du droit commun, privilégiée enfin. (*Discours de M. du Miral*).

Ce privilége est un expédient financier pour obtenir une unité et une simplification, en matière de monnaie fiduciaire; résultat que le Gouvernement désire et qu'il obtiendrait encore mieux par la liberté des banques et l'émission du 3,65. Ce privilége constitue une monstruosité économique et politique dont les effets, toujours grandissants, sont et deviennent de plus en plus pernicieux pour tout le monde.

Examinons la marche des événements.

Le Gouvernement, en établissant le privilége de la Banque, lui a naturellement imposé certaines conditions en faveur de l'État. Son siége à Paris, siége de l'État, et ses rapports continuels avec lui, ont établi en sa faveur une supériorité qui lui a permis de parler plus haut que n'aurait pu le faire une maison de banque ordinaire. Elle a commencé par refuser le papier de tout établissement ayant la prétention de s'intituler Banque ; et elle est parvenue à rester seule de ce nom à Paris et dans le rayon en dépendant. Plus tard, en 1848, sa position l'a rendue maîtresse de la situation économique du moment, et la force des choses l'a amenée à absorber, par voie de fusion, toutes les banques provinciales existant et fonctionnant en dehors d'elle. Elle a obtenu de la sorte un monopole général, et la situation le nécessitait tellement que ce monopole anti-libéral lui a été forcément accordé précisément par le Gouvernement le plus libéral comme intentions et comme progamme.

Une fois seule, elle a soulevé la question de son privilége exclusif qu'elle laissait sommeiller et, dans les écrits et la pensée de tous, elle a fini par le faire considérer comme absolu. Tout le monde s'est accoutumé à cette idée, et lorsque, la loi à la main, l'on soutient que rien ne lui concède un droit à l'exclusion de tous autres, l'on est jugé par l'opinion comme soutenant une mauvaise cause et comme condamné par la loi elle-même.

Peu à peu, ses progrès croissant, son papier se généralisant, elle devenait tellement puissante que l'Etat lui-même était obligé, par une complicité tacite, de se montrer hostile à tout essai nouveau de banque d'émission.

Le caractère de la monnaie étant un caractère général et par conséquent uniforme, l'État était d'autant plus obligé de se montrer hostile à toute nouvelle banque, qu'une nouvelle institution n'aurait pu exister qu'avec l'introduction dans la circulation d'un nouveau type de monnaie. Or, l'État devait, suivant son droit et le sens commun, éviter en cette matière toute confusion facile avec la pluralité des types; mais rechercher, au contraire, la simplification la plus complète. Par ce motif, il demandait à la Banque une généralisation plus entière et l'amenait à créer des succursales et à les multiplier le plus possible. Il y gagnait un service monétaire fiduciaire plus étendu comme effet, et en application plus simple. La Banque, qui, depuis 1836, avait changé d'opinion sur les Comptoirs provinciaux, auxquels elle s'était montrée hostile à ses débuts, a suivi le Gouvernement dans cette voie tant que l'établissement de surcursales nouvelles lui a donné la perspective de nouveaux profits et la possibilité d'éloigner une concurrence. Aujourd'hui que les nouveaux comptoirs à créer seraient moins productifs, elle s'empresse moins de les établir; mais, comme elle juge sa position inattaquable, elle affirme hautement et résolûment son privilége absolu et exclusif. Elle le défend, non-seulement comme un droit particulier résultant de traités entr'elle et l'État et comme compensation d'obligations que ces traités lui ont imposées, mais encore et surtout comme constituant une nécessité publique. Elle proclame sa fonction, non comme commerciale ordinaire, mais comme haute fonction sociale.

Et elle a presque raison.

Son existence, en effet, est un tel assemblage de faits publics et privés, d'actes libres et réglementés, un tel enchevêtrement de droits gouvernementaux et mercantiles, que vraiment il existe autant de raisons à alléguer en sa faveur que d'arguments à produire contre elle.

Néanmoins il faut considérer quels sont les résultats pratiques de ces anomalies accumulées.

Ils sont monstrueux.

Elle a un privilége dont l'État tient la clef; il n'est pas exclusif quoi qu'elle en dise, aucune loi ne le porte; mais elle est assez forte pour empêcher qu'une nouvelle autorisation soit accordée. Elle est obligée de subir un débiteur forcé de 100 millions, ce qui est onéreux pour elle et exorbitant comme droit et comme justice; ce qui, en outre, gêne sa liberté. En revanche, elle a le droit de changer son escompte quand elle veut, et d'en porter le taux au chiffre qui lui convient, au-dessus de la limite légale. Par ce moyen, elle peut gagner de fortes sommes tout en restreignant ses affaires au détriment de tout le monde. Ce qui le prouve, c'est que ses actions montent quand le taux de l'escompte s'élève, c'est-à-dire quand une crise éclate. Pouvant l'élever au-dessus du taux légal et sans aucune limite, elle a le droit de faire hautement et légalement l'usure la plus colossalement organisée.

Par son privilége et l'obligation d'avoir un débiteur forcé, elle a le droit de retirer de son commerce tout son argent si elle le veut; et, remplissant une fonction sociale, elle peut réaliser des bénéfices comme aucun particulier, industriel, breveté, inventeur, et dans les meilleures conditions, n'a jamais pu et ne pourra jamais en réaliser.

Voici, en effet, ce que la Banque retire du capital engagé dans son commerce.

Que l'on ne discute pas nos chiffres, car alors, le bilan à la main, nous établirions un calcul rigoureux et nous prouverions que la Banque gagne encore beaucoup plus que nous ne l'avançons.

Par la loi du 9 juin 1857, elle a été forcée de subir un débiteur, l'État, pour 100 millions; mais quand elle veut, elle peut élever son escompte au taux qu'elle désire au-delà de la limite légale. Elle a, en outre, avons-nous dit, employé en rentes en chiffres ronds 40 millions qui, avec les 100 immobilisés, font un total de 140 millions.

Nous nous en tenons à ce chiffre.

Sur un capital de	182,500,000 fr.
Elle enlève	140,000,000
Il lui reste pour son commerce	42,500,000 fr.
Ce qui, pour chaque action de	1000 fr.
donne : en rentes,	767, fr. 07,
en fonds commerciaux,	232, fr. 93,

Etant rentière et banquière, elle donne de dividendes 158 fr., soit 15,80 0/0.

Si elle n'était que banquière et que tout son capital fût engagé, elle n'aurait pas à toucher 6 millions d'arrérages de ses rentes, ce qui, par action, donnerait 32 fr. 88 c. de moins de dividende.

Elle ne donnerait donc plus, les opérations restant les mêmes, que 12, 51 0/0, soit 125 fr. 12 c. par action, ou bien elle serait obligée de faire plus d'affaires, d'abaisser ses services, de gagner moins sur chaque opération, de se rattraper sur le nombre, par suite, d'être plus utile.

Mais, pour savoir ce que lui rapporte son commerce, il ne faut pas calculer sur tout son capital, puisqu'il fait pour une majeure partie office de rentier ; il ne faut calculer que sur le capital engagé dans les opérations de ce commerce.

Or elle a, nous avons vu, sur chaque action :

En rentes	767 fr. 07.		
En Banque	232 fr. 93.		
Ensemble	1,000 fr.	qui donnent :	
En dividende de rentes			32,88,
En dividende de Banque			125,12,
	Ensemble		158 fr.

Le dividende commercial 125,12 représente donc le produit du capital commercial 232, 93 ; cela fait du 53 0/0. C'est un beau résultat. Elle a raison de tenir à son privilége et de proclamer sa fonction comme haute fonction sociale, toute d'intérêt public.

Si le commerce se plaint, si les publicistes et les économistes trouvent cette situation inqualifiable ; tant pis, répond-elle, *vœ victis !* Si je veux augmenter mon escompte, j'en ai le droit. Si je veux faire payer cher mes services et restreindre mes opérations, je le puis, l'État me le permet. Je lui prête de l'argent par force et ne puis négocier son papier, qui ne me rapporte que 4 0/0. Il faut bien que je me ratrappe sur quelqu'un.

Et cela se pratique sous la direction d'un gouverneur nommé par l'État.

Autre anomalie qui oblige une maison de commerce, faisant avec le premier venu des affaires essentiellement privées, d'une valeur de 50 francs, à prendre pour chef, premier nom de sa raison sociale, un étranger qu'on lui impose, un fonctionnaire public, gouvernemental.

Qui souffre de toutes ces contradictions? Est-ce l'État? Il pourrait bien arriver telle circonstance où la Banque serait assez puissante pour résister à quelque désir ou exiger quelque concession. Est-ce la Banque? Il pourrait bien aussi se présenter tel cas où le Gouvernement aurait le pouvoir de lui faire sentir sa force. En attendant, c'est le public qui paye. Qui s'en réjouit? Les actionnaires qui encaissent.

Au point de vue politique et gouvernemental, il en résulte :

Qu'une responsabilité des affaires de la Banque remonte jusqu'à l'État; que, dans des moments critiques, la Banque peut se dresser, parler en maîtresse, et, s'appuyant sur sa clientèle, réclamer une part de gouvernement plus grande ; que, d'un autre côté, le public, s'insurgeant contre la Banque, peut reprocher à l'État une complicité désastreuse dans les attentats sociaux qu'elle commet légalement.

Toutes ces anomalies et ces résultats fâcheux proviennent du fait d'émission octroyé par privilége à un particulier; en d'autres termes, du déclassement d'une fonction gouvernementale.

Tous les arguments que l'on accumule en faveur d'une banque privilégiée prouvent que l'on ne se rend pas bien compte du privilége.

L'on croit que ce privilége consiste en l'émission avec obligation de remboursement à vue et au porteur pour contre-partie; et l'on considère ce remboursement comme charge obligatoire contrebalançant l'avantage de l'émission. C'est en cela qu'est l'erreur.

La Banque dans son commerce ne fait pas autre chose que ce que font les banquiers et les négociants par les autres mécanismes de circulation en négociant des titres commerciaux. Signer un billet de banque ou une lettre de change est indentique. Ce qui constitue le privilége, c'est le mot *au porteur*, qui donne à la Banque le droit d'avoir un créancier indéterminé enlevant ainsi pour la circulation la nécessité d'un endossement de la part du cédant. Que ce droit soit concédé à un autre qu'à elle, il circulera des billets autres que les siens, pourvu que le banquier émetteur sache inspirer une confiance sérieuse, qualité indépendante du privilége.

Par ce fait de créer une valeur commerciale pouvant circuler sans endossement et obtenant remboursement sans que le porteur soit tenu de prouver qu'il a qualité de possession suffisante, l'on assimile son billet à de la monnaie. Pour l'assimilation complète, il ne manque que le cours forcé qui lui donnerait le caractère obligatoire et le rendrait, comme la monnaie, *lettre de change circulant à vue et au porteur et à laquelle tout le monde est obligé de faire honneur*. Le remboursement à vue et au porteur de la monnaie s'opère, en effet, par tout le monde par la livraison des choses qu'elle achète et qu'elle paye.

La Banque possède le cours forcé *en puissance*. Bien des personnes demandent pour elle le cours légal; il vient même de paraître une brochure qui propose pour elle un expédient encore plus grave: le droit de différer, moyennant intérêt, le payement de ses billets. Nous n'avons pas à examiner cette question, qui ne détruit nullement notre raisonnement.

Par le mot *au porteur*, le remboursement à vue devient un avantage au lieu de constituer une charge onéreuse.

Tout banquier est tenu de prévoir ses échéances et d'y faire forcément face. Il est obligé de payer pour ses correspondants, et il est des cas où il ne peut moralement pas refuser, quelle que soit la somme tirée sur lui; par le fait de l'échéance, il sait, qu'à jour et heure fixes, le porteur ne manquera pas de se présenter; sans cela il perdrait des droits et des recours qui pourraient diminuer la valeur de sa créance. Il faut donc forcément prévoir les nécessités des remboursements et se mettre en mesure d'y parer.

Pour la Banque, au contraire, le porteur indéterminé n'a qu'à faire circuler. Il n'a pas besoin de se présenter à la Caisse. Il n'a aucun délai à surveiller, aucune garantie à sauvegarder ; il peut réaliser sans se donner la peine d'aller encaisser et sans engager sa signature ; il cède à un autre. L'échéance instantanée à laquelle la Banque est soumise devient, par cela même, indéterminée, et au lieu d'avoir à parer à des nécessités de remboursements, elle n'a plus qu'à prévoir des probabilités, des possibilités de demandes.

Ainsi cette échéance devient par le fait continuellement différée et par suite moins onéreuse pour elle. Ce qui le prouve, c'est que les billets restent en moyenne cinq ans dans la circulation lorsqu'ils sont de 100 francs, et un an lorsqu'ils sont de 1,000 francs.

Si l'on pouvait se dispenser entièrement d'aller à la Banque, l'on n'irait pas du tout, parce qu'une fois la confiance établie, — fait indépendant du privilége, — entre deux mécanismes, l'on choisit le plus commode. Si l'on y va ce n'est ni par peur, ni par méfiance, c'est par besoin ; l'on ira encore moins avec les petites coupures parce qu'elles atteindront plus de transactions, et avec le 3,65 parce qu'il sera productif d'intérêts.

En pratique, donc, il ne faut voir dans le remboursement à vue et au porteur de la Banque qu'une grande latitude résultant du mot *au porteur*. Par cela, le caractère de créancier devient impersonnel, la circulation n'a plus aucune entrave, et la nécessité du remboursement, de charge obligatoirement onéreuse, devient charge plus ou moins différée. L'échéance instantanée se transforme en indéterminée; au lieu d'une obligation rigoureuse, la Banque n'a plus à satisfaire qu'à une obligation probable.

D'après ce qui précède, son privilége consiste donc en ce que :

Elle est investie du droit gouvernemental de posséder par le mot *au porteur* la force sociale nommée Circulation, de la réglementer en matière fiduciaire, comme l'État la réglemente en matière de numéraire.

Mais nous croyons :

Que si le droit de réglementer une force sociale quelconque appartient à quelqu'un, c'est et ce ne peut être qu'au représentant du principe social, au Gouvernement.

Que si l'on doit profiter d'une réglementation semblable et réaliser des bénéfices sur la société par l'exploitation d'une de ses forces, personne ne peut réaliser des bénéfices semblables que la société elle-même par son représentant officiel, l'État; car alors les profits qu'elle réalise d'une part, lui reviennent par d'autres moyens.

Or réglementer, en matière fiduciaire, la force sociale circulation, peut être aujourd'hui obtenu par l'entremise de l'Etat et par l'organisation d'un moyen public, la dette mise sous forme circulante.

Ce n'est plus qu'une affaire de forme.

Par suite du caractère de garantie et presque d'inutilité que revêt le capital de toute banque; par suite de l'organisation naturelle de ces établissements pour les négociations et les remboursements; admettant ce qui existe, en fait, à la Banque de France, un emploi du capital en rentes immobiles, l'on comprendra aisément qu'une utilisation de ce capital pourrait avoir lieu.

Pour arriver à cette utilisation, il suffirait de donner à ces rentes une forme de billet de banque.

Les banques négocieraient ce billet comme la Banque de France négocie son papier contre équivalents, et elles le rembourseraient à vue et au porteur avec les encaissements des équivalents reçus.

Qui peut émettre cette monnaie et donner le caractère circulant? L'État. Qui peut organiser le service du remboursement? Le négociateur.

Que font les 140 millions qu'a la Banque de France en rentes?

Que font les fonds non encore appelés des autres sociétés? Évidemment rien.

Que feraient-ils s'ils étaient en rentes? Ils pourraient ou rester en portefeuille ou circuler. Dans ce cas, ils seraient billets de banque monnayés par l'État à base d'intérêt; représentant par le fait de la négociation, comme le billet de banque actuel, des valeurs reçues en échange et remboursables à vue et au porteur par la maison négociatrice quant au capital. Quant à l'intérêt, l'État, le devant, le paierait sur coupons comme aujourd'hui.

Nous n'avons pas à examiner laquelle de ces deux monnaies, numéraire et fiduciaire, serait supérieure. Nous nous déciderions en faveur de la monnaie fiduciaire, si nous avions à nous prononcer; donnant toujours au mot de monnaie le sens de mécanisme. Nous reconnaissons hautement l'utilité et l'indispensabilité du numéraire; mais nous accordons à la monnaie fiduciaire tous les avantages de commodité, rapidité et simplification. Dans ce mot mécanisme nous comprenons tous les éléments constituant la *Currency* anglaise, tels que numéraire, billets de banque, lettres de change et autres moyens que l'usage a introduits. Nous désirons seulement, commme étalon fiduciaire principal, introduire un élément nouveau, la Dette publique, valeur ayant la jouissance pour base, et, par conséquent, une raison d'existence générale en dehors de la valeur représentative particulière que la circulation lui donnerait. Nous utilisons ainsi, dans notre système, un capital considérable immobilisé, au moyen duquel nous ajoutons à la force de la circulation, en l'étayant sur la puissance d'un placement sur le fonds d'État, valeur sociale au premier degré.

Par ce moyen, la liberté des banques serait facile. Elle deviendrait même une condition de solidité de ce système. L'unité monétaire, que tout gouvernement recherche, serait obtenue, non par le fait d'un particulier privilégié, mais par le fait de l'État lui-même représentant de la généralité. L'on créerait, en effet, le type général de la circulation fiduciaire, uniforme comme fonds, principal comme instrument, sur lequel viendrait se greffer une diversité secondaire, celle de l'estampille privée.

Cela aboutirait à une cohésion entre toutes les banques et les maisons négociatrices puisque leur papier jouirait d'un intérêt identique, et, comme fonds, participerait du même caractère. Il offrirait à tout porteur, en cas de désastre, la possibilité d'une liquidation générale en fonds d'État 3 0/0 dette fixe ; indépendamment de la liquidation commerciale privée, résultant de son caractère représentatif de valeurs privées en portefeuille ou en caisse prises par les banques lors de la négociation.

Pour compléter ce système, viendraient, après le 3,65 monnaie fiduciaire générale, les petites coupures, monnaie fiduciaire particulière ; inférieures, puisqu'elles ne porteraient pas intérêt et qu'elles ne pourraient jamais être égales à 100 francs ; remplissant vis-à-vis du fonds d'État la fonction du billon vis-à-vis de l'or et de l'argent monnayés ; mais par leur valeur réduite atteignant un bien plus grand nombre de transactions, et donnant, par suite, aux maisons qui les émettraient une bien plus grande latitude pour leurs opérations.

La multiplication indéfinie de ces petites coupures ne serait pas à craindre pour trois causes :

La première, la concurrence qu'elles se feraient entre elles ;

La seconde, la concurrence que leur ferait le 3,65 0/0 incontestablement plus avantageux pour toutes les opérations de 100 francs et au-dessus ;

La troisième, enfin, la limite que leur imposeraient forcément les besoins de la circulation et leur multiplicité même.

Elles finiraient par n'être que locales, et pour devenir assez généralement répandues, il faudrait qu'elles eussent une source assez puissante. La difficulté de constituer des puissances semblables en empêcherait toujours la trop grande multiplicité.

Examinons maintenant les institutions de crédit s'adressant surtout au placement et à l'entreprise, mais ayant, malgré cela, un mouvement de circulation secondaire.

Pour le Crédit foncier, que nous prenons pour type, le capital n'est aussi qu'un capital de garantie, et pour ses affaires il est inutile au moins pour la moitié. Pour nous, sans revenir sur ce que nous avons dit à propos des banques, nous admettrions qu'on l'obligeât à l'employer entièrement en 3,65 0/0. Il a, en effet, un roulement d'opérations et de fonds qui lui permettrait de faire face à toutes les demandes de remboursement qui se présenteraient.

Quant à ses lettres de gage et ses obligations, elles ne paraîtraient en public que sous forme de 3 0/0 au moyen de la Caisse d'émission et d'amortissement.

Il est, à propos de la nomination du Gouverneur du Crédit foncier par l'État, une observation que nous avons à faire.

Pour des institutions semblables, la liberté serait

tout aussi nécessaire que pour les banques, cependant, en présence de l'ignorance des agriculteurs, d'une part, de leur peu de régularité dans les affaires, de leur inaptitude pour les calculs économiques et de leur insouciance en fait de comptabilité ; en présence, d'autre part, du caractère arriéré de notre législation hypothécaire, de la difficulté et de la lenteur, en matière de réalisations, auxquelles les détours de la procédure soumettent tout le monde, il serait bien difficile d'installer des sociétés de Crédit foncier et annexes sans leur accorder en même temps des facultés de déroger au droit commun.

Nous sommes donc obligés de reconnaître que, tant que la législation sera insuffisante, l'État doit s'immiscer dans la gestion de sociétés semblables et leur imposer un gouverneur, ne serait-ce que pour surveiller si elles n'abusent pas de leurs facultés exceptionnelles. Nous l'admettons en fait, faisant nos réserves en principe, et demandant une révision de la législation dans le sens le plus large, afin que la liberté la plus complète soit au plus tôt applicable en ces matières.

Cela posé, nous désirerions que le Crédit foncier qui est trop exclusivement parisien se propageât et créât des succursales suivant les diverses zones de cultures agricoles ; que dans les villes qui veulent se transformer, l'on établît des succursales de son annexe, le sous-comptoir des entrepreneurs.

Il serait, en outre, à désirer que, dans le but de faciliter et de propager ces institutions, l'on révisât les matières du régime dotal qui aujourd'hui rétrécissent le champ sur lequel elles pourraient exercer leur action.

Nous désirerions voir encore une nouvelle institution qui fît pour les objets mobiliers et les valeurs mobilières ce que fait le Crédit foncier pour les valeurs foncières. Il est bien évident que nous parlons de valeurs autres que les titres commerciaux à courte échéance.

Comme le Crédit foncier, cette institution ferait des prêts à court et à long terme. Elle réunirait les attributions des monts-de-piété et d'une caisse de dépôts de titres comme il en a été proposé une par M. Hippolyte Destrem.

Nous voudrions que cette institution prît le nom de Crédit mobilier.

Quelque pénible qu'il soit pour nous de demander par cela même une modification au nom que porte la plus grande société que nous possédons en France, et celle dont la mission civilisatrice a rendu et rendra de si grands et si importants services, nous n'hésitons cependant pas à le faire, même en vue de rendre hommage au Crédit mobilier actuel. La fonction de cette société est, en effet, plus haute que celle d'une maison prêtant sur gages mobiliers comme le Crédit foncier prête sur gages fonciers. C'est un établissement de création et de patronage d'entreprises dont le vrai nom est *Crédit Fondateur*, parce qu'il crée, il fonde, il donne le jour et non de l'argent sur des garanties.

Si la liberté pouvait être appliquée dans l'organisation de cette institution nouvelle, elle serait préférable à toute réglementation. Mais, en l'état de notre législation sur le gage, il vaudrait mieux, sauf révision, la modeler sur le Crédit foncier comme organisation et la propager par des succursales.

Relativement aux institutions semblables au Crédit mobilier actuel qui s'adressent à l'actionnaire et qui ont pour but principal de créer et de commanditer les entreprises, nous n'avons nullement à entrer dans l'examen des principes économiques sur lesquels elles reposent, quelqu'intéressants que soient ces principes. Nous ne voulons engager aucune polémique à leur sujet. Quelques reproches qu'on leur adresse, quelques invectives que l'on dirige contre elles, leur utilité est démontrée par des faits. Elles n'ont, pour toute réponse, qu'à montrer ce qu'elles ont fondé ou réorganisé ; leur bilan, sous ce rapport, est assez avantageux pour imposer silence, même au parti pris. Pour nous, reconnaissant hautement leur grande influence sociale, nous sommes fort heureux que des sociétés semblables existent. On ne les propagera jamais trop.

Pour elles, le capital n'est plus un simple capital de garantie ; il est souvent engagé. Aussi dans l'appréciation de la part à employer en 3,65, le Conseil d'État devrait se montrer peu exigeant. Elles ont bien un mouvement de banque de circulation ; mais il est à peine sensible comme importance relativement à l'ensemble des affaires.

Quant à l'extension de sociétés semblables, si jamais

liberté est, non pas possible, mais nécessaire, c'est en ce cas.

Nous nous prononçons toujours, on le voit, pour la liberté en principe; mais, dans les cas où, par suite d'un défaut de notre législation ou de nos mœurs, des dérogations au droit commun sont nécessaires, nous admettons une règlementation gouvernementale toutefois aussi faible et aussi transitoire que possible.

Dans les émissions du 3,65 au moyen des Banques et des institutions de crédit s'adressant aux déposants et aux capitalistes, ayant pour but la circulation et le placement, nous avons admis la possibilité d'un emploi total du capital.

Dans les sociétés s'adressant à l'entreprise, nous avons au contraire pensé que le capital ne devait être employé ainsi que pour une partie assez minime.

Dans ces deux cas néanmoins, ne pas obliger à un emploi immédiat; car il faudrait donner le temps de l'installation normale du service de remboursement, et, par suite, laisser, au début, à toutes ces sociétés pendant un certain temps un encaisse suffisant. Peu à peu, l'on arriverait à atteindre la limite fixée, mais de cette manière sans gêne et sans danger.

Notre préoccupation constante de ménager la transition ne doit pas faire supposer que nous considérons le système que nous proposons comme offrant un danger quelconque; loin de là. Nous le croyons très-ac ilement applicable, mais notre désir est de bouleverser aussi peu que possible, et de vulgariser par une application lente d'abord, mais toujours progressive.

Section II.

Des entreprises industrielles.

Nous avons, croyons nous, démontré combien serait facile l'émission du 3,65 0/0 par l'intermédiaire des banques et des institutions de crédit, instruments de circulation, de placement et d'action. Pour développer encore l'émission de ce fonds, il nous reste à compléter la nomenclature des sociétés pouvant l'émettre. Nous avons vu que le Conseil d'État serait souverain appréciateur de la quantité de capital à affecter de la sorte et que la loi déterminerait une quantité fixe pour les sociétés à responsabilité limitée.

Nous croyons n'avoir économiquement rien exagéré en soutenant que toute société, de quelque fonction qu'elle soit investie, devrait être proportionnellement obligée à se livrer à un mouvement de circulation. En fait, il n'en existe pas qui n'ait, soit chez elle, soit chez son banquier, un fonds de roulement en crédit ou en caisse. C'est sur l'importance du roulement nécessité par les opérations que la loi ou le Conseil d'État établirait la somme à employer. Si ces sociétés ne pouvaient par elles-même se livrer à ce mouvement de circulation, elles céderaient leur 3,65 à un banquier négociateur avec lequel elles seraient en relations, et qui opèrerait comme le Crédit industriel et commercial avec ses clients créditeurs en compte courant à intérêt.

Il y aurait à examiner pour ces sociétés des questions d'époque et de modes de versement; le Conseil d'Etat les déterminerait. La question de capital pour elles est plus délicate et demande quelques explications.

Voyons d'abord la possibilité d'Emission.

Toute entreprise exigeant un établissement commence par une période de dépenses pendant laquelle elle ne doit compter, pour satisfaire à ses besoins continuels, sur d'autres ressources que celles des appels de fonds sur les actions et les négociations d'obligations. Il arrive ensuite un moment où l'exploitation donne des résultats incomplets au début, mais grandissants à mesure que l'établissement se développe et que de nouvelles parties entrent en rapport. Le compte d'établissement peut ne pas être clos, et l'exploitation avoir pris progressivement des proportions considérables. C'est au moment où les recettes ont assez d'importance pour constituer un fonds de roulement sérieux que ces compagnies devraient convertir leur capital social en 3,65, le faire avec mesure en leur donnant toute latitude par des époques échelonnées et, suivant leur position vis-à-vis de l'État, les obliger à le convertir en totalité ou en partie.

Les recettes venant alimenter l'encaisse, leur donneraient la facilité d'organiser le service de remboursement. Ce qui prouve la vérité de cette facilité dont nous parlons, c'est l'article que nous voyons figurer à chaque assemblée d'actionnaires sous le nom de produits de placement de fonds.

Si ces sociétés ne pouvaient, comme nous l'avons

déjà dit, établir par elles-mêmes ce mouvement de circulation, elles pourraient le faire fonctionner par l'intermédiaire d'un banquier, leur patron.

Nous avons à examiner en quoi consiste le capital de ces sociétés et à quoi il sert économiquement.

Il a un caractère particulier suivant que ces sociétés ont un service public avec concession ou sont tout simplement une association faisant des opérations industrielles privées sans concession ni service public reconnu. Dans ces cas, déterminer, par l'autorisation, quelle pourra être la somme à employer, serait l'affaire Conseil d'Etat.

Pour les sociétés sans concession, il apprécierait.

Mais dans le cas où il existe un service d'utilité publique avec concession limitée de temps et souvent avec subvention de l'Etat, il faudrait les obliger à tout l'employer en 3,65.

En effet, qu'est-ce qu'une action?

C'est un titre représentant un droit dans une entreprise et permettant de prendre part aux produits nets de cette entreprise.

La détermination d'un intérêt statutaire et d'un dividende, n'est qu'une affaire de forme et une règle, afin que chacun puisse plus facilement établir ses calculs. En même temps, elle est une facilité pour passer la période d'établissement, rien de plus.

En fait de distribution, s'il y a de quoi payer l'intérêt statutaire et quelque chose en sus, ou s'il n'y a pas de quoi distribuer tout l'intérêt statuaire, la participation de l'action aura été la même comme droit, seulement moins avantageuse. Ainsi donc, il ne faut pas admettre qu'une action ait droit à un intérêt parce que les statuts le portent. Elle a droit à ce qui reste à distribuer; c'est le dividende, comme son nom l'indique.

Dans le cas d'une société n'ayant pas de concession, l'action est une participation à tout : produits et capitaux employés en établissements. La liquidation fait entrer tout ce que la société possède dans le partage général.

Dans le cas d'une société avec concession, à la fin de ce droit, les parties les plus importantes de l'établissement n'existent plus, à moins qu'il n'y ait des réserves comme pour le matériel roulant des chemins de fer. Tout ce qui constitue l'usine industrielle n'est plus la propriété de la compagnie et ne peut être partagé entre les actionnaires. La concession dévore les établissements et à son expiration les actionnaires n'ont plus de droits; les fonds rentrent dans le domaine du vrai propriétaire, le concédant. Faites là-dessus ce que vous voudrez ou telle chose déterminée pendant un certain temps; mais au bout de ce temps, ce qui aura été établi m'appartiendra. Vous agirez toutefois en bons pères de famille et vous maintiendrez dans un état convenable les établissements que vous allez créer. Voilà ce que dit le concédant au concessionnaire. A celui-ci à faire son calcul.

En ce cas, qu'est et que devient le capital de la compagnie, lorsque c'est l'État qui est le concédant? Il appartient évidemment à l'Etat, et l'action n'est plus qu'un numéro de participation aux produits.

Il ne faut donc pas soutenir que lorsqu'une compagnie rembourse des actions et organise des actions en jouissance elle diminue le chiffre du capital ; non, le capital reste le même, c'est l'établissement qui a toujours coûté le même prix. Elle divise seulement les actionnaires en deux catégories ; mais les remboursements qu'elle fait sont pris en diminution de dividende. Par tirage au sort, elle donne à l'un ce qui serait réparti entre tous. Qu'en application, cette pratique soit excellente, nous sommes les premiers à le reconnaître ; que ce soit un dédommagement anticipé juste et progressif, une mesure utile et bien entendue, c'est incontestable. Mais, en principe, ce n'est pas et cela ne peut pas être un remboursement du capital puisque le capital est en établissement. C'est et ce ne peut être que sur le dividende que ces prélèvements se font.

A la liquidation que restera-t-il ? L'établissement à l'État ; aux actionnaires, plus rien. La concession est expirée, plus de droits ; à moins de réserves pour lesquelles les compagnies rentrent dans la catégorie des entreprises non concessionnaires.

L'État ne pourrait-il pas anticiper son entrée en propriété et obliger les compagnies à verser une somme égale au capital, à titre d'emprunt sur cet immeuble qui doit lui revenir, pour l'employer en 3,65 ? Les compagnies prêteraient donc à l'État, mais elles pourraient négocier et, au moyen de leurs recettes et de leur roulement, soutenir un mouvement de circulation certainement facile avec leurs ressources.

A l'expiration de la concession, les compagnies ayant payé leurs obligations, l'Etat restant maître de l'établissement, il resterait un immeuble grevé d'un emprunt en 3,65 pour une somme égale au capital social primitif. Certes la garantie serait suffisante. Nous en étudierons les liquidations possibles.

Cette opération d'emprunt se pratiquerait lors d'une émission d'obligations faite par les compagnies par l'intermédiaire de la Caisse d'émission et d'amortissement. Nous aurons à en reparler.

Ainsi les émissions de 3,65 0/0 pourraient aussi être faites par les entreprises diverses anonymes avec ou sans concessions. Le Conseil d'Etat déterminerait pour elles les sommes à employer, les époques et les modes de versements.

Ce serait une source de 3,65 0/0 fort importante.

Voyons la possibilité pour les chemins de fer, s'ils voulaient le faire par eux-mêmes.

Lyon-Méditerranée a 683 mille actions, plus une émission nouvelle de 100 mille, soit à 500 francs, 390 millions environ de capital.

En recettes, il fait 120 millions et a 50 millions de frais, soit 70 millions nets. Croit-on qu'avec ces 70 millions il ne pourrait pas suffire à un remboursement à vue et au porteur de 200 millions de 3, 65 qui seraient exigés au commencement? Ces billets pouvant être donnés aux actionnaires comme coupons, aux entrepreneurs et aux employés pour paiements et salaires, pouvant d'ailleurs être remboursés par les recettes ou servir aux porteurs à payer leurs voyages, nous pensons que ce serait facile. La Banque, avec 230 millions d'encaisse, satisfait à tous ses comptes courants créditeurs, à tous ses dépôts sans intérêts et à une circulation de 820 millions de billets ; la proportion serait encore à l'avantage de Lyon-Méditerranée. Ce que nous venons de dire pour Lyon-Méditerranée, nous le disons pour les autres chemins de fer. Nous le disons aussi pour toute autre société à exploitation. Nous indiquerons plus tard un moyen de simplification en examinant une objection que l'on nous a soumise.

La question d'emploi du capital à verser doit, dans ces divers cas, non-seulement être envisagée comme quantité, mais aussi comme époque de versements. Il faut que ces sociétés, soit par elles-mêmes, soit par l'intermédiaire de banquiers patrons, puissent organiser le service de 3, 65 ; aussi le Conseil d'État devrait-il déterminer bien prudemment soit la quantité du capital, soit les versements plus ou moins éloignés, quelquefois même admettre des versements échelonnés. Il faut que le public se familiarise avec cette méthode, qu'il acquière la confiance et l'habitude, comme il l'a fait aujourd'hui pour la Banque de France et pour ses billets.

Dans les sociétés n'ayant que des établissements sans concession, la part à employer serait moins forte que pour les chemins de fer; car elles ne seraient tenues à cet emploi qu'en vertu de leur qualité de sociétés anonymes. L'Etat, n'ayant aucun droit de concession à reprendre, ne peut considérer ces établissements comme un gage sur lequel il a la faculté d'emprunter. Il ne lui appartiennent pas et ne doivent pas lui appartenir.

En résumé :

Les Banques et les Institutions de Crédit de toutes les catégories;

Les sociétés anonymes autorisées ayant pour but des entreprises ordinaires, ou des entreprises à concession avec durée limitée;

Les sociétés anonymes à responsabilité limitée;

Seraient tenues d'après les prescriptions de la Loi ou d'après les décisions du Conseil d'Etat, d'employer en 3,65 0/0 tout ou partie de leur capital social. Le Conseil d'Etat déterminerait, suivant les cas, les quantités, les modes et les époques des versements.

Ces sociétés auraient à leur choix la faculté de rester créancières, ou de négocier cette rente monnayée soit directement, soit par intermédiaire ; mais le négociateur serait toujours tenu au remboursement à vue et au porteur du billet portant son estampille.

SECTION III

Solutions diverses.

Il nous reste à examiner quelques fonctions de détail pour la solution de certains cas particuliers.

Une opération qui exigerait quelques calculs plus

délicats serait celle à combiner sur le Crédit foncier relativement à la conversion de ses obligations actuellement émises. Cependant, comme la Rente est encore la valeur supérieure, l'on pourrait, surtout avec les avantages fondamentaux qu'elle retirerait de nos diverses propositions, arriver à cette conversion.

Pour les obligations des chemins de fer, autres que le 3 0/0 garanti par l'Etat, on les laisserait exister sur le marché libre, à moins que l'on ne pût amiablement les échanger *capital pour capital*. La conversion du 3 0/0 des compagnies serait, nous l'avons vu, la chose la plus facile.

Si, par suite de notre système, le 3 0/0 de l'État s'élevait notoirement au-dessus de 85 francs, la Caisse pourrait se procurer du 3,65 et l'amortir, sans cependant forcer jamais personne à un amortissement semblable.

Le 3,65 ne pourrait guère s'élever au-dessus de 100 francs, parce que d'abord il n'est pas vendable; que toute transaction sur lui ne pourrait jamais être légalement admise ; que le remboursement à vue et au porteur ne serait jamais dû que pour cette somme, indépendamment, bien entendu, des accroissements d'intérêts courus.

Toute société ayant du 3,65 et voulant liquider cette valeur, l'échangerait *rente pour rente* contre du 3 0/0 moyennant 2 francs de commission par 3,65 de rente.

Elle liquiderait entre ses partageants la valeur fournie par les rentes reçues en échange.

Ce cas ne pourrait se présenter que pour les sociétés non concessionnaires.

Nous avons vu que l'établissement des sociétés concessionnaires à terme fixe devant appartenir à l'État à l'expiration de la concession, celui-ci en les obligeant à avoir du 3,65, contracterait un emprunt gagé par son droit de propriété à réalisation future. Lors de l'expiration de la concession, il faudrait retirer le 3,65 provenant de cette source, puisque les compagnies n'existant plus ne pourraient faire le service du remboursement. L'État ne pourrait s'engager dans des opérations de change et de négociation. Trouver une solution pour un cas pareil n'est pas difficile, il en existe même plusieurs. Il n'est nullement besoin de se préoccuper de semblables questions, ni de s'arrêter à des éventualités si éloignées, l'Etat ayant en main des garanties suffisantes. D'ici là la pratique et l'état du crédit général suggéreront, on ne peut plus facilement, des combinaisons nouvelles.

Cependant, comme ne pas en indiquer pourrait faire supposer une lacune, nous allons présenter la combinaison qui nous paraît la plus simple, la plus rationnelle et la moins gênante en application.

Nous avons vu que toutes les fois que le 3 0/0 sera au-dessus de 85 francs, la Caisse aura le droit d'amortir du 3,65 sans forcer néanmoins personne à être remboursé. L'on admettra, nous pensons, facilement que dans le mouvement de ses recettes et de ses dépenses, il passera chez elle du 3,65 revêtu d'une estampille quelconque; si c'est du 3,65 provenant d'un chemin de fer, elle le retiendra et le détruira ; si c'est du 3,65 d'un autre négociateur, elle prendra toutes mesures pour l'échanger contre celui d'un chemin de fer qu'elle détruira. Ainsi peu à peu elle pourra éteindre cette dette de l'Etat exigible à l'expiration de la concession.

Eteindre du 3, 65 à 100 francs, serait encore plus avantageux que éteindre du 3 0/0 à 85 francs.

Comment les compagnies de chemins de fer ayant leur capital actions versé pourront-elles se procurer les quantités déterminées de 3, 65 0/0? — La réponse est facile : 1° contre échange d'obligations; 2° par des versements échelonnés de sommes de 100 fr. jusqu'à l'entier accomplissement de cette obligation.

Ce dernier procédé serait plus avantageux pour l'État, qui, de cette manière, aurait plus de facilité pour convertir ses dettes flottante et déclassées en les remboursant au pair avec ces ressources.

Faut-il maintenant examiner si le 3, 65 0/0 pourra être émis en assez grande quantité pour absorber la dette flottante à consolider et les dettes déclassées ?

Nous croyons, d'après ce que nous avons exposé, que cet examen serait superflu ; ce qui nous reste à développer fera encore davantage apparaître cette possibilité. Nous ne nous appesantirons donc pas sur cette question.

CHAPITRE III

DE LA LIBERTÉ DES BANQUES.

§ Ier.

Le privilége de la Banque de France est aujourd'hui le point de mire de toutes les attaques; la périodicité et la fréquence des crises commerciales et monétaires font sentir à tout le monde les vices de cette institution; rien cependant ne peut parvenir à l'ébranler. L'Etat reste dans un *statu quo* décisif, et le public voit avec l'indifférence la plus profonde tous les projets de réforme proposés. Il comprend que toute modification sera incomplète tant qu'elle n'anéantira pas le monopole et qu'elle n'offrira pas des avantages sérieux et appréciables à l'Etat et aux particuliers. La liberté des banques apparaît comme la seule solution définitive. Elle reste à l'état de vœu, parce qu'on n'en voit pas encore l'application possible.

Il s'agit de rechercher et de trouver la méthode d'organisation de cette idée vraie en théorie, mais difficilement applicable. Nous pensons que nos propositions atteindraient ce résultat.

Nous avons soutenu, et en cela nous sommes d'accord avec bien des économistes :

Que les attributions des banques d'émission participaient du caractère gouvernemental et du caractère privé et qu'elles répondaient à des besoins sociaux et particuliers;

Que l'Etat ne peut pas plus remplir les fonctions particulières que le particulier ne peut remplir les fonctions gouvernementales;

Que réunir ces attributions, par privilége, entre les mains d'un particulier, c'était lui mettre en main une force sociale, lui concéder le droit de la faire concourir à ses affaires particulières, et lui donner la faculté de retirer des bénéfices non-seulement des services privés qu'il rend, mais des services sociaux dont il dispose. Or, tout service social doit être gratuit ou exercé par le Gouvernement représentant de la société.

En matière de banque, en un mot, c'est donner par privilége à un particulier le droit de profiter de l'*utilité* du billet de banque.

Dans un travail sur la *Réorganisation du système des banques*, ouvrage récent dont tout le monde a apprécié l'importance, nous lisons, page 81 :

« Nous touchons à un élément que le plus souvent « on passe sous silence quand on traite ces matières, « et qui joue cependant le rôle principal dans la cir- « culation. Cet élément, c'est l'utilité du *billet de* « *banque*, le besoin qu'en éprouve le public.

« Le billet de banque, dans une foule de situations, « est très-recherché. L'or, sans doute, n'est pas d'un « transport aussi incommode que l'argent. Il perd « cependant sa commodité lorsqu'il s'agit de recevoir « des sommes de plusieurs milliers de francs. Vous « n'aimeriez pas à recevoir le payement d'un im-

« meuble, d'une valeur de Bourse en or. On a expé-
« rimenté que la masse de billets impérieusement
« retenus dans la circulation par le courant des affaires
« est de 600 millions environ, soit près des trois quarts
« de la masse totale des billets que la Banque tient
« dans la circulation. »

Cette citation nous dispense d'examiner la question d'utilité qui, du reste, n'est pas contestée.

Cette utilité correspond à un besoin social auquel satisfait l'institution de la monnaie fiduciaire.

Mais une institution en vue d'un besoin social doit être mise à la portée de tout le monde, soit par une organisation publique et gouvernementale, soit par une exploitation permise à tous.

Pourquoi n'en est-il pas ainsi?

Parce que la circulation a deux termes, l'émission et la négociation avec remboursement; que l'État ne peut remplir la fonction du remboursement pour lequel il faut un mouvement de banque, fonction privée; et parce que la liberté illimitée de la banque ne peut être étendue à l'émission, fonction sociale. La pratique, en effet, a montré que les banques particulières ayant toute liberté d'émission se sont livrées à des excès qui ont fait dégénérer des crises particulières en catastrophes publiques. Aussi, pour profiter des avantages de l'émission et de la banque réunies, l'on a institué les priviléges afin de pouvoir réglementer la matière et éviter les désastres.

Nous admettons le motif, mais nous nous élevons

contre le moyen ; nous pensons que ce but peut être atteint par une organisation autre que le privilége.

Il faut, à notre avis, puisqu'il existe deux services bien distincts, l'un général, l'autre particulier, déterminer où commence le service social et où commence le service privé, établir entre eux une démarcation rigoureuse ; mais les organiser de telle sorte, que sans gêner le service particulier, le service général lui impose, par la force même des choses, une réglementation naturelle et le maintienne dans ses limites exactes.

L'on a soumis les banques d'émission privilégiées à l'obligation d'avoir leur capital en rentes, et par là l'on a voulu donner aux porteurs une garantie dépendant du capital social. Nous ne savons si ce recours serait suffisant, nous ne le discutons pas ; nous nous bornons simplement à constater le motif d'une semblable pratique. Nous pensons néanmoins qu'il existe d'autres moyens d'utiliser ce capital, tout en lui laissant son caractère de capital de garantie.

En Angleterre, où l'acte de 1844 a réglementé plus complétement qu'en France, l'on est tombé dans un système qui a subordonné la marche du prêt et de l'escompte, c'est-à-dire des besoins commerciaux, à celle du besoin général de circulation. La Banque s'est trouvée trop à l'étroit dans sa constitution, et elle a été obligée de la suspendre à deux reprises différentes.

En France, pays de réglementation, la Banque est organisée d'après un système moins rigoureux. L'on a seulement obligé à immobiliser le capital pour partie et à l'enlever des affaires. Il en résulte que dans certains moments les mesures de la Banque préparent et aggravent les crises.

L'acte de 1844 de la Banque d'Angleterre, qui soulève les plus vives critiques, trouve cependant des défenseurs ardents parmi les hommmes éminents du Royaume-Uni. La division en département de l'émission et département de l'escompte constitue sa grande valeur. C'est là que commence à se trouver la véritable organisation séparant les fonctions gouvernementales des fonctions privées. Pour rendre cet acte inattaquable, il faudrait que les fonctions privées eussent une latitude assez grande pour, dans les moments urgents, ne pas être étouffées par la rigueur de la réglementation. La Banque alors ne serait pas obligée de suspendre ses statuts.

Cet acte établit deux circulations fiduciaires : l'une, la circulation principale, garantie par un versement préalable d'espèces de la part de la Banque; l'autre, la circulation complémentaire, étendue, garantie par les valeurs reçues en dehors du capital et négociées par la Banque sous forme de ses billets. La première est censée répondre au besoin social toujours existant, auquel correspond l'utilité du billet de banque; la seconde, satisfaire au besoin commercial de crédit et de circulation étendue, besoin privé, variable suivant les moments, pouvant s'étendre et se réduire. Cette distinction est juste et vraie.

L'État, souverain directeur de toutes les forces sociales, doit empêcher que, par des exagérations funestes de la circulation de crédit privé, l'on puisse troubler la circulation sociale nécessaire et publique. Il doit prendre ses mesures pour que des crises particulières ne puissent dégénérer en crises sociales.

Pour cela il faut établir un élément social répondant à la circulation sociale et un élément privé répondant à la circulation de crédit privé. Il faut que l'élément général soit établi sur des bases tellement supérieures à celles sur lesquelles reposera l'élément privé, qu'ils ne puissent jamais être confondus.

Mais pour arriver à ce but, au lieu d'obliger les banques privilégiées à placer leur capital social *numéraire mobile* en rentes d'Etat, *équivalent immobile*, il fallait leur délivrer un *équivalent mobile*, c'est-à-dire une rente d'état pouvant devenir billet de banque. Le capital ainsi placé conserverait toujours son caractère de capital garant, puisque l'État ne devrait pas le remboursement en vertu du principe de perpétuité de sa dette; mais le titre de rente mobile sous forme de billet de banque pourrait entrer dans le commerce et satisfaire au besoin de circulation. Par l'estampille de l'établissement négociateur et la fonction de banque de cet établissement, le service de remboursement serait organisé vis-à-vis des porteurs et l'office du billet de banque actuel serait entièrement rempli.

L'intérêt payé par l'État aux porteurs de ces billets constituerait un avantage évident qui ferait de cet élément de circulation un moyen supérieur à l'élément découlant du crédit privé.

L'escompte et le remboursement étant dans les attributions des Banques, la fonction de négociation et d'opérations commerciales serait remplie par les particuliers, au moyen de l'élément général résultant de la conversion par l'État du capital banquier garant en 3,65, Dette publique circulante.

L'État instituant ainsi la monnaie fiduciaire principale, devenant le grand atelier monétaire fiduciaire, donnerait, par l'intermédiaire des banques, satisfaction au besoin social de circulation. Recevant des capitaux en échange de ses titres il aurait un grand débouché pour sa rente ; il n'aurait absolument rien à craindre, puisqu'il aurait touché le montant des équivalents perpétuels livrés par lui. La réglementation serait en ce cas naturelle, et l'on pourrait permettre à tous ceux qui voudraient se procurer des billets à rentes de fonder des banques d'émission.

L'on pourrait alors laisser la circulation de crédit se développer outre mesure. Toutes les banques d'émission étant libres de s'installer à condition de métamorphoser leurs capitaux en billets à rentes, c'est-à-dire en billets donnant satisfaction au besoin de circulation sociale, la concurrence ramènerait bien vite la circulation complémentaire à ses véritables limites.

La circulation de crédit serait satisfaite au moyen de l'émission de petites coupures, inférieures à 100 francs, dernière coupure du billet d'État. Ces coupures, absolument semblables aux billets de banque actuels, ne porteraient pas intérêts. Elles ne seraient permises qu'à tout négociateur de billets à rentes d'État.

L'on aurait de cette manière deux billets de banque, répondant aux deux circulations.

Le premier : Dette publique perpétuelle, monnayée et émise par l'État; livrée par lui, à titre de rente, à tout demandeur contre espèces ; représentant le capital social garant; passant dans le commerce, pour sa valeur inscrite, par l'intermédiaire du négociateur; certifié vis-à-vis des porteurs par l'estampille négociatrice, qui attacherait à ce billet tous les droits commerciaux découlant du billet de banque actuel; donnant, en outre, par son origine, droit de rente au porteur du coupon détaché vis-à-vis de l'État, débiteur perpétuel de la Rente.

Le second : titre de crédit privé, en tous points semblable au billet de banque actuel, donnant au porteur les mêmes droits ; mais moins avantageux que le premier; inférieur comme valeur inscrite, ne portant pas intérêt; titre libre et complémentaire ne pouvant être émis que par les négociateurs de papier d'État, présentant dès lors pour solution possible un double échelon : les valeurs actives de la Banque, encaisse, portefeuille, etc., et, enfin, le billet d'État, représentant le capital social.

Prenant donc dans l'acte de 1844 son idée essentielle de réglementer la circulation et de la maintenir dans de justes limites, nous arriverions à ce but par le billet à rentes; mais par l'introduction des petites coupures complémentaires, nous éviterions la gêne et la restriction apportées à la circulation de crédit par la constitution de la Banque anglaise.

Dans ce système, plus il y aurait de banques, plus il y aurait de capitaux employés en rentes circulantes, plus donc la circulation serait satisfaite ; mais, en ce cas, il faut reconnaître que, conséquemment, le besoin des petites coupures irait en diminuant et que la crainte des excès serait moins à redouter.

Le capital de garantie des nombreuses banques libres satisferait par le 3, 65 billet d'État à la circulation générale, besoin social. En cas de désastre, la liquidation du 3, 65 s'opérerait, comme nous l'avons vu, par une mutation du 3, 65 circulant en 3 0/0 fixe, ou même par un remboursement en numéraire au choix de l'État. Aujourd'hui, en cas de désastre de la Banque, que vaudrait son papier?

Toute sécurité existerait donc sous ce rapport.

Les petites coupures satisferaient à la latitude souvent nécessaire pour la circulation de crédit besoin privé et commercial ; elles représenteraient les valeurs de crédit de toute sorte, les *securities*, en dehors du capital social, que le courant des opérations procure aux banques importantes.

Tout mouvement serait donc permis à ces établissements.

Cette distinction en deux sortes de billets de banque n'est que de forme ;

En effet, la Banque de France, avec 800 millions de billets en circulation et 140 millions de rentes volontaires ou forcées, la Banque d'Angleterre, dans des proportions plus grandes, n'émettent en somme rien autre chose que des billets d'État pour la partie de leur capital ainsi employée et des billets de crédit pour le restant.

Si dans le cas du remboursement obligé de ces 800 millions de billets passif, le portefeuille et l'actif réalisable ne produisaient que 660 millions nets, il faudrait bien pour rembourser les 140 millions restants vendre les 140 millions de rentes de l'actif capital et en affecter le produit à cet emploi ; l'on peut donc soutenir, comme nous le faisons, que sur les 800 millions de billets émis il y en a 140 en représentation de billets d'État dont la banque garde l'intérêt pour elle. Dans notre système, ces rentes, au lieu d'être émises par représentation sous la forme du billet de banque actuel, seraient négociées directement sous la forme de billet d'État et l'intérêt passerait au porteur.

De la sorte, au lieu d'être rentière et banquière, toute banque serait simplement banquière en cédant sa position de rentière aux preneurs des billets d'État négociés par elle.

L'intérêt attaché aux billets d'État, leur donnant une valeur intrinsèque spéciale, permettrait plus facilement une assimilation de la monnaie fiduciaire à la monnaie métallique. Par leur moyen, l'on ferait un pas de plus vers le but que le comte Mollien indiquait en ces termes : « Une banque n'a atteint complétement son « but que lorsque la monnaie artificielle a une identité « parfaite de valeur avec la monnaie réelle. »

Cette division dans les deux espèces d'émission,

l'une des billets d'État par l'intermédiaire des banques, l'autre des petites coupures libres et permises à tout négociateur de 3,65, nous paraît, d'une part, en réalisant l'unité monétaire fiduciaire principale, laisser le champ libre à toutes les opérations; et, d'autre part, empêcher que ces opérations ne prennent une extension excessive et ne donnent lieu à des émissions abusives de billets de crédit complémentaire.

La circulation ayant à sa disposition deux éléments, le 3,65 et les petites coupures, choisira évidemment l'élément supérieur de préférence. Or, dans le cas d'émissions exagérées, le 3, 65, ne s'obtenant qu'avec du numéraire, ne pourra donner, en aucun cas, lieu à des excès. Si l'exagération est possible, elle ne pourra provenir que des petites coupures, valeurs facilement fabriquées; mais l'existence du 3,65 toujours sérieux diminuera le champ de leur circulation, et les empêchera de s'étendre outre mesure. En les réduisant aux besoins complémentaires, elle les fera rentrer dans les caisses des banques, une fois que les besoins n'existeront plus.

Quant à la multiplication du 3,65, elle n'est pas à craindre.

Toute Banque, en effet, ne pourra émettre en ce fonds que des quantités absolument correspondantes aux achats qu'elle aura faits de rente d'Etat. Or le prix de ces achats aura toujours été versé entre les mains du Gouvernement monnayeur, et remplissant, en cette occasion, les fonctions de l'*issuing depart-*

ment de la Banque d'Angleterre. S'il se fonde assez de maisons de banque pour inonder le pays de ce fonds circulant, le besoin de circulation générale, auquel correspond le billet de banque, étant satisfait, le trop plein restera naturellement en portefeuille à l'état de placement, soit qu'il s'y maintienne sous forme de 3,65, soit en reprenant sa première forme de 3 0/0, dette fixe.

L'Etat n'aurait rien à perdre dans cette mutation pour laquelle on lui paierait un droit. Cette opération ne serait pour lui que la modification de forme d'une rente fondée par les pouvoirs publics. La Rente, en effet, resterait la même, et la Dette publique ne serait modifiée en rien comme fonds. Que l'on ait demandé trop de 3,65, sous forme circulante à 100 francs, et que l'on veuille le réduire, *rente pour rente*, en 3 0/0, n'importe; l'Etat n'en a pas moins les mêmes intérêts à servir, il n'est pas grevé d'un centime de plus à payer; au contraire, il a un droit de mutation. Si, par suite d'une demande en réduction de 3,65 en 3 0/0, il veut, comme il en a le droit, rembourser, à son choix, en numéraire, il opérera ce remboursement par l'intermédiaire et avec les ressources de la Caisse d'émission et d'amortissement. Dans ce cas, indépendamment du droit de mutation qu'il percevra, il gagnera 0,65 de rente en moins à payer. Nous avons vu, en effet, que, dans la Banque de titres, l'emprunteur, en retirant ses obligations déposées, rembourse à l'Etat 100 francs pour amortir 3 francs de rente; or, avec ces 100 francs, la Caisse rembourserait le

3,65 dont on demanderait la réduction. Dans ce cas, le résultat serait le même que si elle achetait du 3 0/0 à 82 fr. 40.

Comme nous le disions plus haut, les émissions exagérées de petites coupures ne seront pas à redouter, parce que leur circulation ne sera jamais que secondaire, et se réglera toujours sur celle des billets d'Etat. Dans leurs opérations, la concurrence obligeant les banques à satisfaire autant que possible aux demandes de 3,65 qui leur seront adressées de préférence, il est évident que les petites coupures viendront le plus possible s'échanger contre du 3,65, ce qui constituera une liquidation partielle et fera tomber sur ces billets de second ordre toutes les réductions en cas d'une trop grande émission. Lors d'une atteinte portée au crédit d'une Banque, le 3,65, valeur *sui generis*, trouvera dans ses caractères propres des éléments de résistance que les petites coupures ne posséderont pas. Elles seront donc retirées les premières et s'échangeront contre du numéraire, ou, à son défaut, contre du 3,65. Dans un cas de faillite, les symptômes précurseurs les auront ramenées à la Banque en dissolution, et à la liquidation finale l'on ne trouvera plus que le 3,65 ayant une valeur par lui-même. Mais ce 3,65, c'est le capital social que le porteur pourra directement réaliser en dehors de la Banque, au moyen de la mutation en 3 0/0 et la vente au marché public. Les pertes retomberont donc immédiatement sur la Banque et ses actionnaires. Chaque établissement, devant une semblable perspective, sera amené à une grande circonspection dans ses actes de crédit et dans ses diverses opérations.

Les banques se surveilleront d'ailleurs continuellement les unes les autres. Elles accepteront facilement les billets d'État parce qu'en somme ils auront tous la même valeur propre, et, que, par un changement d'estampille, elles pourront s'approprier le billet d'État négocié par une banque faillie; mais elles accepteront plus difficilement les petites coupures, simples valeurs de crédit représentatives. Elles seront les premières en les recevant difficilement à donner le signal de la réduction, dans les cas d'émissions exagérées.

Avec la liberté des banques d'émission reliées entr'elles par le fonds d'État circulant et dominées par la Caisse d'émission et d'amortissement, institution gouvernementale, la création de Clearing Houses, institutions privées, deviendrait d'une nécessité urgente.

Les négociateurs se trouveraient entraînés par leur intérêt même à se grouper et se réunir, à fonder ces institutions sans esprit aristocratique comme pendant longtemps le Clearing House anglais. C'est par leur moyen qu'ils liquideraient leurs opérations et qu'ils échangeraient leurs petites coupures et leurs billets à rentes. Mais, une fois l'institution organisée, la force des choses la conduirait à étendre son action sur les manifestations de crédit de toute sorte dont les règlements pourraient se faire par compensation. Les chèques, les bons de caisse, les *Bank Post Bills*, les billets à intérêts remboursables à vue et à terme dans le genre de ceux que réclame M. de Girardin et tous les mécanismes nouveaux de crédit et de circulation que les besoins feraient surgir viendraient participer à ce mouvement.

Néanmoins entre les titres divers et le numéraire, il existerait le billet à rentes, qui, supérieur à tous par la faculté de réalisation immédiate et par la force d'un revenu continuel, pourrait servir d'appoint généralement recherché et dégager par conséquent une grande quantité de numéraire dont l'utilité, même comme appoint, serait amoindrie.

Les Clearing Houses seraient en même temps de puissants moyens de surveillance pour les banquiers. Ils pourraient ainsi suivre bien facilement leurs opérations respectives et se renseigner réciproquement sur leurs divers clients. Ces institutions accroîtraient la sécurité du commerce de Banque.

Indiquer ces avantages suffit, ils n'ont pas besoin d'être démontrés.

Nous avons les Chambres de commerce, les Banques auraient là leurs Chambres de crédit et de circulation.

Le service de crédit s'exercera par les deux espèces d'émissions ; 3,65, au moyen des capitaux sociaux ; et petites coupures, au moyen du crédit propre des banques, basé : sur la mutualité des valeurs reçues par elles dans leurs opérations, sur l'importance de leurs agglomérations sociales, l'intelligence de leurs directeurs, l'honnêteté et la bonne conduite de leurs actes.

La concurrence toutefois ramènera le prix des services rendus à son chiffre exact, et établira dans les bénéfices une rémunération normale. Nous savons bien que ces institutions ne produiront plus 15, 80 0/0 du capital social et 53 0/0 du capital banquier; mais le public y gagnera bien davantage sous tous les rapports.

La liberté des banques pourra alors être permise tout naturellement. Elle s'appliquera d'elle-même sans réglementation aucune et avec des garanties suffisantes. On pourra entièrement laisser faire en toute sûreté au grand avantage de l'État et des particuliers.

Les institutions de banque auront encore un assez beau revenu pour ne pas abandonner leurs fonctions; la libre concurrence déterminera leur nombre utile, tout en les obligeant à rendre des services plus nombreux et moins onéreux.

L'État trouvera dans la multiplicité des banques organisées d'après ce système un élément bien sérieux pour le placement d'une grande partie de sa dette. Comme nous l'avons déjà exposé, un créancier nouveau sera créé par cette organisation. Ce créancier sera la force sociale Circulation, tout le monde et personne; être indéterminé qui, par son universalité, fera connaître à tous et dans tout le pays la Dette publique, qui en vulgarisera les avantages et qui la rendra d'autant plus importante.

Sous le point de vue des avantages que le Trésor

retire de ses rapports avec la Banque de France, nous pensons que l'État n'aurait qu'à gagner à ce système. Bien des banques ainsi constituées viendront à l'envi solliciter la clientèle du Ministère des finances, qui, en présence d'une demande plus étendue, pourra obtenir les services qu'il désirera. Au lieu d'avoir des relations avec une seule banque, le Trésor pourra avoir des relations avec chacune d'elles, et choisir celle qui lui donnera le plus de sécurité et en même temps le moins de charges à subir.

Quant au public, l'avantage d'un billet de banque portant intérêt le fera certainement bien vite sortir de son indifférence, et l'amènera à accepter avec empressement l'élément nouveau qui est la base du système que nous proposons.

§ II.

Une objection que l'on nous a déjà présentée plusieurs fois nous donne l'occasion, en la réfutant, de jeter un coup d'œil sur ce qui arrivera ou pourra arriver en pratique avec la réalisation de notre plan. Nous verrons qu'une fois les fonctions bien séparées, il pourra peut-être se fonder des institutions nouvelles d'une utilité bien grande. Nous les indiquerons sans les examiner, car elles ne rentrent pas dans notre sujet.

Comme dans nos discussions nous reconnaissions l'avantage de l'unité d'émission en matière de monnaie fiduciaire, l'on nous disait : Pourquoi vouloir la détruire ; car, vous ne faites pas autre chose avec votre type unique sous une multitude de variétés différentes; les estampilles particulières emporteront le type principal.

Cette objection n'est que spécieuse, et la pratique la rendra encore moins sérieuse qu'elle ne paraît l'être au premier abord.

En premier lieu, quoi que l'on en dise, le type est unique, l'estampille n'est que secondaire. Par le fait seul de l'unité du type, toutes les estampilles secondaires sont reliées l'une à l'autre et unies par le lien général public. En outre, dans le cas de faillite d'un négociateur, les porteurs d'un 3,65 négocié par lui peuvent, s'ils sont négociateurs eux mêmes s'en emparer et s'approprier le titre en faisant simplement substituer leur estampille à celle du failli. Ils liquident ainsi leur créance sans droits à payer et sans pertes, et ils se procurent un supplément de moyens. S'ils sont porteurs non négociateurs, l'estampille disparaît, la créance sur le failli se liquide par une conversion de 3,65 en 3 0/0, plus, en cas de pertes, par un droit privilégié pour la différence de valeur perdue dans l'actif du failli; ou bien elle se liquide, au choix de l'Etat, par un remboursement à cent francs.

La liquidation du 3,65 d'un banquier négociateur, pouvant ainsi s'opérer, sans son concours, soit par un retour au 3 0/0, soit par une substitution d'estampille, affirme, par sa solution pratique indépendante, la supériorité du type public en même temps que l'infériorité de l'estampille.

Comme nous l'avons déjà dit, la pratique elle-même réduira, par la force des choses, les diverses estampilles à un nombre qui en rendra la diversité moins gênante et qui empêchera toute confusion.

En effet, ne peut pas être banquier négociateur avec remboursement à vue et au porteur qui veut; pouvoir, en ce cas, est difficile. Si l'on se permet de jeter trop de papier dans la circulation, la circulation, à son tour, vient demander beaucoup plus de remboursements. Si l'on admet une force dans un sens, il faut, en cette matière, admettre une force contraire ayant au moins une importance égale.

Avant d'arriver à pouvoir négocier un billet remboursable à vue et au porteur, il faut établir une organisation sur des bases assez larges pour le permettre; or c'est là qu'est la difficulté. Une fois cette organisation obtenue et le crédit établi, la machine fonctionne d'elle-même; mais encore une fois ne peut pas qui veut obtenir un résultat semblable. Coquelin, dans son *Traité du crédit et des banques,* cite un banquier fort riche qui l'essaya; la circulation lui rendait ses billets à peine ils étaient émis; ils ne circulaient que dans un rayon très-restreint et ils revenaient si souvent qu'il finit par y renoncer. Que M. de Rotschild, dont certes le crédit est bien établi, cherche à émettre des billets semblables, il ne réussira qu'à Paris et il lui faudra bien du temps pour réussir ailleurs. Les banques de Marseille, Toulouse, etc., voyaient leurs billets maintenus dans un cercle assez étroit. La Banque de France, avant la fusion et son extension par les succursales, ne voyait pas circuler les siens comme aujourd'hui. C'est une affaire d'organisation à créer; or, dans la pratique, une organisation à cette fin exige une puissance que tout le monde ne peut avoir.

Pour peu que l'on y réfléchisse, l'on finira, sur ce point, par être de notre avis.

Pour la négociation du 3,65 0/0, la pratique réduirait d'ailleurs de beaucoup les sociétés pouvant s'y livrer, et par suite le nombre des estampilles.

Voici ce qui se passerait :

Ou les sociétés obligées de convertir leur capital en tout ou en partie seraient assez puissantes pour s'organiser, ou elles seraient obligées d'avoir recours à une société possédant une organisation suffisante.

L'organisation suffisante existant, rien ne serait plus facile; le service de remboursement régulièrement pratiqué attirerait la confiance et le crédit, les bénéfices réalisés et l'ancienneté de l'établissement l'augmenteraient, comme cela s'est vu pour la Banque de France.

Quant aux sociétés ne pouvant obtenir cette organisation, elles auraient recours à une maison organisée, lui remettraient la part de 3,65 dont elles seraient chargées, lui donneraient pouvoir de le négocier à leur place sous son estampille et débattraient leurs conditions. Elles deviendraient dès lors, vis-à-vis du négociateur, clients à compte courant créditeur ayant déposé une monnaie productive, et elles feraient des affaires avec lui, au même titre que les clients créditeurs de 3,000 fr. vis-à-vis du Crédit industriel et commercial.

Or, il est à remarquer, et personne ne le contestera, qu'il existe bien peu de sociétés sous notre régime qui n'aient un banquier pour patron, quelle que soit leur importance.

L'on admettra avec nous que des maisons de banque assez puissantes pour s'organiser, recevant, en outre, des fonds de sociétés diverses assez nombreuses, ayant en ces sociétés des clients créditeurs intéressés à la circulation de leur papier, pouvant servir de succursales peu coûteuses, constitueraient une puissance assez grande pour autoriser un crédit, alors surtout que le titre représentatif négocié par elles serait une valeur de l'État à intérêt fixe et d'une liquidation sûre et facile.

Supposons que Lyon-Méditerranée, avec un capital de 400 millions et son organisation de bureaux, gares, stations, négocie des billets, les reçoive à ses guichets pour prix des places, organise un mouvement de circulation enté sur le placement, croit-on que ce mouvement ne se maintiendra pas dans toute la partie de la France qui compose son réseau? Il en serait de même pour l'Orléans, le Midi, l'Est, l'Ouest et le Nord.

Et si ces compagnies, ne se croyant pas assez fortes ou assez libres dans leur action pour s'adonner directement à un mouvement de banque, se réunissaient et, agglomérant leur 3,65 sous une seule estampille, constituaient une Banque générale des chemins de fer, croit-on que cette maison fondée ne pourrait pas donner lieu à un mouvement de circulation très-important ?

Ce mouvement soutenu par l'intérêt de 3 fr. 65 0/0 et par le remboursement à vue et au porteur dans toutes les gares depuis Paris jusqu'au plus petit village, avec une infinité de succursales, encaisseurs, commis divers, peu coûteux puisqu'ils seront déjà payés par une exploitation, se liquidant soit en numéraire soit en service de voyages, ne pourrait-il pas facilement fonctionner?

Que faudrait-il pour cela? La création d'une espèce de syndicat des chemins de fer, d'un *Railway Clearing House* comme celui qui existe à Londres pour 200 et quelques compagnies, et qui pourrait, pour six seulement, exister bien plus facilement en France. Cette institution prendrait les recettes des chemins, négocierait leur 3,65, paierait et recevrait pour les différentes compagnies, établirait leurs comptes respectifs en dépenses et en recettes et les liquiderait avec chacune d'elle en particulier. Un projet semblable a déjà été étudié par M. A. Audiganne dans la *Revue des deux Mondes*, et une proposition de banque des chemins de fer a été faite par M. Poujardhieu dans son livre sur le crédit et les chemins de fer en France. Il s'agirait de combiner ces deux idées en les organisant.

L'union qu'un Railway Clearing House établirait entre tous les chemins de fer pourrait permettre l'émission d'une autre sorte de billets à petites coupures. Ce serait des billets de voyage à prix fixe pour chaque classe suivant un maximum de distances. L'on pourrait de la sorte établir des tarifs moins onéreux, et avoir, comme en matière de timbres-poste, qui sont à 10, 20, 40 centimes, etc., des trains de Banlieue, d'Arrondissement, de Département, de Région, de France. La marchandise resterait soumise aux règlements actuellement en vigueur, jusqu'à ce que l'on eût trouvé le moyen de lui donner une meilleure organisation.

Quant aux correspondances, combiner quelque marche dans le genre de celle des omnibus de Paris.

Cette modification donnerait aux voyages un accroissement qui couvrirait bientôt les diminutions de recettes si elles se présentaient. Nous pensons même d'après certains calculs de moyennes que les compagnies réaliseraient des bénéfices sans un accroissement sensible de voyageurs.

Le travailleur de toute sorte ne craint pas la peine; il redoute le déboursé. La peine ne demande qu'une dépense de capital personnel. Ce capital, il le possède et n'en est pas avare. Le déboursé, au contraire, demande une dépense d'avances; or, il ne les a pas. Toute organisation qui lui donne le moyen de dépenser plus de peine et moins d'avances lui est avantageuse, et il sait en profiter. Pour le produit à retirer de la peine qu'il prend, il n'est besoin que de s'en rapporter à lui. Cette organisation lui permettrait une locomotion qu'il ne peut se permettre en l'état actuel.

Pour l'établir, il faudrait scinder le voyageur du bagage, et, comme cela se pratique en Belgique, ne pas passer un seul kilogramme, à l'exception de ce que le voyageur peut prendre avec lui dans la voiture. Celui qui voudra faire enregistrer un colis le fera à part, et paiera son prix de messageries.

Les billets de voyage seraient de petites coupures remboursables à vue et au porteur par service de voyage; elles circuleraient sans nécessiter un numéraire d'encaisse, par conséquent, sans entraîner aucune gêne.

Nous n'avons pas à étudier cette organisation qui est en dehors de notre sujet. Si nous en avons parlé, c'est parce qu'elle peut s'y rattacher par ces petites coupures d'une catégorie particulière, qui pourraient donner des ressources d'une réalisation anticipée à ce *Railway Clearing House* que nous avons indiqué.

La liquidation des affaires entre les compagnies et le *Railway Clearing House* serait facile, on le comprend; chacune pourrait d'ailleurs la vérifier à tout propos.

Que l'on songe dès lors au mouvement que procurerait une organisation semblable jetant dans la circulation, par le moyen des chemins de fer, une valeur en capital de 1,500 millions de billets soutenus par 300 millions de numéraire en recettes, augmentées encore par les accroissements de voyages résultant des prix réduits. Que l'on n'oblige pas au début à verser ces 1,500 millions, qu'on n'en émette que 600; ce serait déjà un assez beau résultat; et 300 millions de recettes suffiraient bien pour le remboursement, surtout si ce remboursement pouvait s'effectuer au moyen d'un service de voyageurs pour une bonne partie.

600 millions de billets à rentes, multipliés par la force indéfinie de la circulation et du placement, quel immense mouvement et quelle abondance!

Dans ce cas, cependant, il ne faudrait qu'une seule estampille au lieu de six. La pratique aurait donc simplifié et diminué la diversité que l'on objecte.

Croit-on que le public n'aurait pas confiance en des billets émanant d'une organisation établie sur de telles bases, et avec laquelle il serait en contact tous les jours?

Si les chemins de fer, très-puissants par eux-mêmes, trouvaient avantage, — et nous croyons qu'une organisation semblable leur serait avantageuse, — à se réunir pour fonctionner en banque en dehors de leur mouvement industriel; ce qui, par conséquent, ferait diminuer cette variété d'estampilles, que l'on objecte; il est bien évident que les autres sociétés anonymes seraient, de leur côté, amenées à ne pas se charger de la fonction de circulation. Elles n'ont pas, comme les chemins de fer, des services généraux, elles ne sont pas tous les jours en contact avec tout le monde, elles ne sont et ne seront jamais aussi généralisées; toutes sont d'ailleurs plus ou moins dans la clientèle d'un banquier, et toutes s'y abriteraient de plus en plus. Par leur adjonction chez lui, elles fourniraient une masse imposante de billets à rentes et elles donneraient au banquier négociateur une grande force soutenue par leurs recettes dont l'agglomération serait considérable. Pour elles, le banquier négociateur serait ce que serait le *Railway Clearing House* pour les chemins de fer.

Donc, diminution des estampilles circulantes.

En outre, constitution d'une puissance de banque avec clients à compte courant créditeur et système de chèques très-développé, unis à la force personnelle de la maison de banque à capital en 3,65 avec adjonction de petites coupures; est-ce que ces éléments réunis ne forceraient pas la confiance à arriver comme elle a été forcée de s'incliner devant la puissante organisation de la Banque de France?

Que l'on ne craigne pas que le premier petit banquier venu ou qu'une entreprise mesquine veuille, lançant ses billets dans le public, faire une concurrence ridicule et établir une confusion par la diversité des estampilles. Ces billets seraient assez mal venus et leur généralisation assez difficile. Ils pourraient circuler dans un certain rayon; mais il n'y aurait pas à redouter des abus sérieux, la force des choses les maintiendrait dans leurs vraies limites.

L'on objectera, sans doute, que les banques et les institutions de crédit organisées pour ce service ne donneront que des coupures inférieures, et que d'autre part les particuliers escomptés ne voudront que du 3,65 0/0; que, par conséquent, il va se produire des contestations de toute sorte. Il ne faut rien s'exagérer. Les escomptés prendront ce qu'on leur donnera, car, en somme, ils préféreront toujours le billet accepté par tous à celui qu'ils ne peuvent faire circuler aussi facilement, le billet réalisable au billet dont l'échéance est différée. Quant aux Banques, la concurrence les obligera à donner du 3,65 0/0 lorsqu'elles en auront; attendu que si l'une d'elles en donne, elle accaparera toutes les bonnes signatures et les autres alors seront obligées de ne pas rester en arrière.

Si l'on considère le résultat économique obtenu de nos jours par le fait des banques privilégiées, l'on voit que, comme toutes les banques elles suppléent au numéraire ; mais si l'on examine la valeur du service qu'elles rendent et qu'on la rapproche du montant de leurs bénéfices, l'on est étonné du produit de ce service relativement à son peu d'importance.

Organiser le fonds d'Etat circulant et le propager au moyen de la liberté des banques aurait pour résultat de donner gratis à la société l'avantage procuré par le priviléges. Nous pensons que la monnaie fiduciaire ainsi obtenue serait bien plus répandue surtout avec l'addition des petites coupures, et que par conséquent la société retirerait pour rien un service plus grand que celui qu'elle obtient de nos jours. Indépendamment de cet avantage, il existerait toujours celui de la participation de la Circulation à l'intérêt produit par le billet à rentes, et celui de la plus-value obtenue par les fonds publics et par les autres valeurs.

Si l'on anéantissait le privilége de la Banque, et que l'on proclamât la liberté en cette matière, la Banque de France pourrait bien restreindre ses affaires, ne plus émettre 800 millions de billets, n'en émettre que 300 avec un encaisse de 100 millions pour les soutenir. La société, au lieu de gagner 600 millions de supplément de numéraire, n'en gagnerait plus de ce côté que 200. Mais par la création des sociétés libres organisées en circulation avec des fonds d'Etat pour capital engagé et les petites coupures, il se produirait un mouvement fort important et des émissions assez considérables pour combler le vide creusé par la réduction de la Banque. Nous pensons même que le total des émissions dépasserait 800 millions et atteindrait au moins le milliard et au delà. Dans ce cas, avec les encaisses divers de 330 millions, l'on aurait 670 millions de monnaie supplétive de numéraire. La Banque ne rend pas un service supérieur ; le public gagnerait en outre sur ces 670 millions une grande quantité de monnaie fiduciaire productive, ce qui n'existe pas aujourd'hui.

Si maintenant l'on veut se convaincre que notre appréciation, portant les émissions au moins à un milliard, n'est pas exagérée, l'on n'a qu'à additionner les capitaux des institutions de crédit existantes. Or les capitaux, ayant tous un caractère de capital de garantie, donnent un total de 400 millions devant, d'après nous, être employés en 3,65.

Si à cette somme l'on ajoute le capital actions des chemins de fer, que nous réduisons à 600 millions, l'on aura le milliard annoncé.

Mais il existe encore des compagnies anonymes autorisées et limitées qui seraient aussi obligées de se procurer du 3,65. Si nous portons pour toutes ces sociétés le capital exigible à 500 millions, certes, vu le nombre, ce n'est pas exagéré, nous aurons un total général de 1,500 millions de 3,65 productif, sans compter les petites coupures. Enlevons un tiers pour les encaisses divers. — La Banque aujourd'hui n'a pas un encaisse proportionnellement aussi fort. — La société gagnera donc avec la liberté et sans avoir besoin d'accorder et de payer un privilége un milliard de monnaie au lieu de 600 millions.

La nation serait en possession de ses propres fonds productifs, elle réaliserait ses emprunts à de meilleurs prix; quant aux mouvements commerciaux, la concurrence amènerait à ne donner aux banques que les rémunérations honnêtes de leur travail, et non la monstrueuse rançon que procure le privilége.

C'est ici que nous placerons, en peu de mots, l'examen de la question de savoir si le 3,65 serait suffisant pour absorber la dette flottante à consolider et les dettes déclassées. D'après le calcul que nous venons d'établir, nous ne pensons pas que cela fasse encore question. Nous ne croyons pas trop nous avancer en disant qu'au bout de trois ans d'application de ce système, non-seulement l'on aurait converti en 3,65 les dettes actuelles flottantes et déclassées; mais encore l'on pourrait avoir des ressources considérables au moyen de ce fonds, pour jeter les fondements des grands travaux sociaux dont les besoins se découvrent tous les jours.

Que l'on additionne maintenant, en pensée, la masse de monnaie circulante que ce système susciterait, monnaie véritablement fiduciaire, pouvant être acceptée par tout le monde, donnant tous les droits commerciaux vis-à-vis du souscripteur négociateur; monnaie de l'Etat représentant, par son essence, une valeur publique à intérêt fixe, garantie par toutes les forces vives de la nation. Que l'on considère ce mouvement partant d'en haut, libre dans toutes ces parties, affirmé par toutes les grandes puissances financières, au moyen du remboursement à vue et au porteur auquel elle s'obligeraient vis-à-vis de la circulation preneuse; mouvement relié et unique par la même origine du billet d'Etat; développé par le supplément des petites coupures au moyen desquelles tout négociateur aurait une grande latitude en même temps qu'une grande source de bénéfices. Certes, en admettant le droit de l'Etat d'obliger les collectivités qui voudraient être reconnues légalement à se charger de cette monnaie et à l'affirmer en la négociant, l'on n'admettrait pas une mesure aussi rigoureuse que la pratique actuelle vis-à-vis de la Banque de France. La faculté de négociation la réduirait à un acte de réciprocité de services, et, après ce contrat primitif entre l'Etat et les sociétés, la liberté des opérations commerciales n'aurait plus d'autres bornes que celles du droit commun, et leur extension d'autres limites que celles imposées par la libre concurrence.

Que l'on cherche bien à se rendre compte de l'influence sociale d'un mouvement établi sur de telles bases, et l'on verra si la mise en activité d'une valeur comme la dette et la participation du placement dans un mécanisme de circulation ne produiront pas des résultats immenses.

Et qu'un rentier vienne ensuite gravement et prudemment demander 5 0/0 de son capital en obligations, ou 8 à 10 0/0 aux entreprises auxquelles il daigne s'associer, après en avoir laissé crouler un millier d'autres, faute de secours ou de croyance; l'on verra comment le travailleur et l'entrepreneur répondront!

Il faudra que le Rentier prenne son parti de cette alternative : ou se résoudre à voir son capital diminuer comme nombre ou comme revenus; ou bien se décider à prendre lui-même la peine de le faire fructifier à titre actif, c'est-à-dire comme actionnaire, participant, courant les risques, prenant les bénéfices et supportant les pertes.

Le Rentier et le capitaliste placeurs sur garanties et à revenus fixes sont, dans l'ordre économique, ce que les rois constitutionnels sont dans l'ordre politique. Ils règnent et ne gouvernent pas. La constitution couvre leur irresponsabilité et leur garantit une bonne liste civile. Pour eux, la constitution c'est la loyauté de l'État, la loi hypothécaire et la contrainte par corps. Avec des sauvegardes semblables, l'on peut à son aise ne rien faire et toucher de fortes rentes.

Cette position commence à ne plus être du goût de tout le monde. Le capital oisif doit crouler; le capital actif, qu'il s'appelle travail ou ressources accumulées, doit, pourvu qu'il agisse, aller, comme suprématie, de plus en plus en grandissant. Que chacun ait la liberté de faire ses affaires comme il l'entend, qu'il fasse des actes productifs, qu'il commette des fautes désastreuses, n'importe; mais qu'il agisse et qu'il puisse agir. Qu'une force inerte ne vienne pas le paralyser. Il faut empêcher cette force de pouvoir être inerte.

Que l'État, sans s'occuper des détails, organise les moyens généraux utiles à tous et faciles pour tous; qu'il pose le tracé de cette route idéale sur laquelle viendront se lancer travailleurs et entrepreneurs, savants et ouvriers; que, par des institutions publiques, il enlève les barrières posées par des prépondérances ignorantes, routinières ou égoïstes; qu'il montre à tous la voie ouverte par des mécanismes à l'usage de tous, et que chacun, pouvant essayer et reconnaître ses forces, soit amené naturellement à les laisser agir et se développer librement. Les travailleurs de tout ordre, sentant qu'ils peuvent aller en avant, s'élanceront tous avec un élan irrésistible à la conquête du Crédit et de la Puissance.

L'État, qui aujourd'hui n'est plus soutenu par l'initiative individuelle, n'aura plus qu'à la suivre et à la maintenir dans les limites de la justice et du droit commun. Lorsque, découvrant un progrès nouveau, il en proposera l'accomplissement, il pourra compter sur des forces sans nombre et sur un concours universel.

Il est un fait qui devient de plus en plus évident, à mesure que les civilisations marchent. C'est que l'égoïsme ne réussit pas; que toutes les petites passions étroites, mesquines et négatives, font perdre plus qu'elles ne font gagner; que l'intérêt personnel exclusif est peu producteur, et que le moyen de grandir le plus vite et le plus facilement, c'est de n'avoir en vue que la grandeur générale. Celui qui donne à l'humanité un travail amenant un progrès social est plus sûr d'arriver à une haute fortune que celui qui économise jusque sur sa nourriture ou qui rogne des pièces de cent sous.

Abandonnons donc toutes mesures restrictives, tous priviléges impossibles. Laissons le travail livré à lui-même, soutenu et dirigé par de bonnes organisations générales; ne craignons pas qu'il s'égare. Que, dans cette crainte, l'État ne songe pas à le réglementer; qu'il fonde de bonnes institutions, le travail saura s'en servir et en tirer un parti aussi avantageux au travailleur qu'à la société.

CHAPITRE VI

RÉSUMÉ

Le système que nous venons d'exposer ne roule que sur une idée principale :

La séparation, en matière financière, des fonctions gouvernementales et des fonctions privées, par suite l'anéantissement de toute combinaison mixte entraînant leur confusion.

La Caisse d'émission et d'amortissement, seule institution qui en découle, aura pour but :

L'établissement du Crédit public absolu, ne participant en rien aux affaires privées; mais mis au service des forces particulières, par conséquent soutenu et étayé par elles.

L'affirmation de la supériorité du Crédit de l'État dans tous les cas et sous toutes les formes des valeurs immobiles et circulantes, supériorité justifiée par la haute puissance de l'État, et résultant, en fait, du principe de perpétuité de la dette publique opposé au principe de délai et de terme, essence de toute dette privée.

La possibilité, une fois l'institution du Crédit public fondée, de proclamer, sans danger public d'aucune sorte, la liberté la plus entière en matière de crédit privé, et de laisser par suite à l'individu toute latitude à cette fin, mais à ses risques et périls les plus complets.

Par le moyen de cette Caisse,

L'État, première puissance et seul représentant du principe social, se mettrait en rapport avec le simple particulier par l'intermédiaire des diverses collectivités de tout genre auxquelles il permettrait l'usage de son crédit. Il obligerait ainsi ces collectivités, supérieures à l'individu comme forces, à se déclarer inférieures à lui comme puissance et à faire acte de subordination vis-à-vis de lui, en se chargeant des valeurs de crédit public, les affirmant et les certifiant.

L'institution de l'amortissement officiel par voie de remboursement après tirage au sort soutiendrait et prouverait la confiance que l'État a en lui-même et en ses forces; les avantages qu'il offrirait récompenseraient ceux qui auraient partagé cette confiance en la Dette publique.

L'amortissement par voie d'achat, indépendamment du résultat obtenu par l'amortissement officiel et auquel il contribuerait énergiquement, aboutirait plus rapidement à l'extinction de la dette. Il ferait de plus concourir à ce but toutes les forces collectives puisant une force supérieure dans la puissance de l'État.

Par cet amortissement, la Caisse, agissant en banque gouvernementale retirerait d'une spéculation féconde et d'un travail productif des ressources importantes pour le service et l'extinction des charges sociales, tandis que, de nos jours, les seules ressources possibles sont celles d'un amortissement incomplet et de l'impôt toujours onéreux et pénible.

Quant à la question de circulation, le but atteint serait :

La réglementation et la satisfaction, au moyen du fonds public sous forme de monnaie fiduciaire, de ce besoin social auquel correspond l'utilité du billet de banque; l'établissement d'une monnaie fiduciaire générale à base de jouissance et de provenance publique; la possibilité de constituer, avec la liberté entière, un capital de garantie sociale, en cas d'excès et d'abus dans les pratiques individuelles à propos de la monnaie fiduciaire de crédit privé permise à tous.

Par cette institution, l'on établirait un point général, soit en matière de circulation, soit en matière de placement, le Crédit public, sur lequel toutes les institutions privées, quelque diverses que puissent être leurs fonctions respectives, seraient nécessairement reliées; l'on intéresserait ainsi au soutien de la puissance publique toutes les forces de la nation, individuelles ou collectives.

La Caisse d'émission et d'amortissement, institution gouvernementale, aura donc pour fonctions :

De s'occuper exclusivement de la dette publique sous ses deux formes : 3 0/0 fixe, immobile et amortissable, et 3,65 non amortissable et circulant.

Elle opérera les mutations de 3 0/0 en 3,65 et *vice versâ.*

Elle émettra les titres de Crédit public de toute sorte.

Elle servira l'intérêt aux porteurs.

Elle sera au moyen des deux amortissements chargée de l'extinction de la Dette, soit par voie d'achat, soit par voie de remboursement après tirage.

Elle fonctionnera comme Banque gouvernementale exerçant son action sur des titres.

Cette fonction consistera à prendre les titres des emprunteurs acceptés par le Ministère des finances pour les sommes et les quantités indiquées dans les traités, et à leur délivrer, en retour, égales sommes et quantités de rente et de capital nominal en titres de Crédit public.

Lorsque les emprunteurs viendront, d'après leurs engagements, rembourser la somme capitale inscrite sur leurs titres déposés et les retirer, la Caisse, avec les fonds provenant de ces remboursements, ira retirer des mains du public, par voie d'achat, égale quantité de rentes et plus, si faire se peut.

L'État conservant toujours son droit de rembourser forcément toute dette au pair.

Pour le 3,65 :

Indépendamment des diverses combinaisons transitoires à fin d'extinction des dettes déclassées et de consolidation de la dette flottante, la Caisse d'émission et d'amortissement aura pour mission de convertir les titres de 3 0/0 en titres de 3,65 *rente pour rente*, suivant les demandes, et d'opérer la mutation inverse de 3,65 en 3 0/0 dans les cas de liquidations privées volontaires ou forcées.

La Caisse aura le droit, dans le cas d'une demande de mutation de 3,65 en 3 0/0, de rembourser en numéraire si elle le veut. Ce droit, au choix, découle du principe en vertu duquel l'État doit toujours avoir le droit d'offrir au pair le remboursement de tout ou partie de sa dette, soit par mesure générale, soit par voie de tirage, soit par voie amiable. Or dans le cas d'une demande de liquidation de 3,65 en 3 0/0, l'État aura le droit, en offrant du numéraire suivant ses ressources, de retirer ce 3,65 au lieu de l'échanger contre du 3 0/0.

Cette voie sera la voie amiable. Elle constituera un nouveau moyen de détruire du 3 0/0 lorsqu'il y aura avantage. Le 3,65, en effet, n'étant que du 3 0/0 monnayé, sortant de lui et devant y revenir, réprésente à 100 fr. du 3 0/0 à 82,40 ; il est évident que si le 3 0/0 vaut plus de 82,40 et que le courant des affaires amène du 3,65 à la Caisse, les achats seront faits, sans frais, par le simple retrait du 3,65 ainsi obtenu, à de meilleures conditions que par opération au cours pratiquée sur le marché public.

CHAPITRE II

CONSÉQUENCES.

Si nous avons eu le bonheur de nous faire bien comprendre, l'on doit voir que, dans tout notre système, les fonctions de l'État s'arrêtent à l'émission fonction gouvernementale. En dehors de ce fait, chacun reste entièrement libre.

L'État ne peut et ne doit intervenir que pour obliger à la publicité la plus grande et s'assurer, sous le point de vue de la justice ordinaire et commune, si les sociétés s'annonçant au public remplissent leurs engagements et les devoirs de droit commun auxquels tous les particuliers sont soumis.

Le seul changement administratif sérieux que ce système nécessite, est le remaniement de la Caisse d'amortissement actuelle qui se trouve remplacée par la Caisse d'émission et d'amortissement. Toutes nos autre propositions peuvent se réduire à des modifications de forme et à des mutations de titres. Les positions actuelles sont maintenues, un nouveau mécanisme est seulement introduit dans l'économie générale, les confusions disparaissent avec le système mixte remplacé par la liberté et le droit commun.

A l'État, l'Émission et ses attributions gouvernementales.

Aux particuliers, la négociation, les affaires et les fonctions particulières libres.

Quant aux avantages ou pertes pécuniaires, nous le répétons, aucune position n'est modifiée. Les négociateurs qui opèrent aujourd'hui sur leur papier opéreront sur un titre supérieur dont la valeur est actuellement plus haute, donc ils gagneront.

Les porteurs actuels bénéficieront par la conversion de leurs titres Obligations en titres de Rente; point de soulte dès lors ils garderont et ne déclasseront pas, à moins de se placer sur des actions ou sur des capitaux étrangers. Cela rend la transition facile, et pour le système que nous proposons, la transition et la vulgarisation de nos idées sont précisément la grande difficulté. Une fois l'application organisée, les conséquences viendront d'elles-mêmes.

Bien des personnes ne voudront pas croire que tout le monde doive gagner et qu'il n'existera pas de perdant. C'est un préjugé qui empêche d'admettre qu'une affaire puisse être bonne pour les deux parties; qui veut que si l'une est contente, l'autre ne le soit pas; et que deux contractants ne puissent être également satisfaits à propos de leur transaction. Pour ne pas trop froisser cette opinion, quoiqu'elle soit fausse, nous avouerons qu'en effet, avec notre système, il existera un perdant qui perdra beaucoup, et un gagnant qui gagnera encore davantage.

Le perdant sera l'Oisiveté,

Le gagnant sera le Travail.

Quant à la possibilité pratique, nous pensons qu'elle

existe. La pratique elle-même simplifiera et fera librement progresser cette institution; mieux que personne elle sait choisir ses moyens. Aussi, nous répudions toute idée de contrainte, et nous n'avons pour but que de procurer un élément de plus que nous croyons bon et utile, *le billet à rentes;* qui, dans les transactions importantes, avec ses qualités publiques et privées, soutenu par les *petites coupures* pour les appoints, sera un moyen supérieur au billet de banque actuel. En dehors des valeurs qu'il représente, celui-ci, en effet, n'est que papier; en dehors des valeurs qu'il représentera, le billet à rentes sera fonds public. Par ses caractères multiples de valeur privée avec solution en valeur publique, dans un cas de désastre particulier, ce billet deviendra point général sur lequel tour à tour viendront se placer Mouvement et Repos, Épargne et Spéculation, Entreprise et Placement.

Nous devons, cependant, ajouter que toutes les mesures que nous proposons ne doivent être établies qu'avec prudence et discernement. Quoique la transition nous apparaisse facile, il ne faut pas la brusquer; ce serait jouer tout le progrès que nous entrevoyons possible. Il ne faut pas surmener une machine et déterminer des embarras ou des explosions par défaut d'habitude et de ménagement; l'on compromettrait, en ce cas, une organisation qui fonctionnera d'elle-même dès qu'elle aura été vulgarisée. Pour vouloir trop obtenir, on risquerait de tout perdre.

Au début, il faudra prendre d'autant plus de précautions que les innovations proposées auront, il ne faut pas se le dissimuler, des ennemis bien puissants : les idées et les habitudes. Elles seront obligées de lutter contre des préjugés qui chercheront à les assimiler à des précédents désastreux ; elles soulèveront la haine de l'inertie et de l'oisiveté, forces négatives si l'on veut ; mais avec lesquelles il faut malheureusement trop souvent compter.

Ce système présente des avantages d'une application facile ; il a, en effet, pour but :

En rendant la rente Circulante, de constituer rentière la grande force sociale, Circulation, tout le monde et personne ;

De présenter un type unique de billets avec la jouissance pour base et le remboursement pour soutien ;

De créer la liberté des banques et de les obliger, par le seul fait de la concurrence, à employer tout leur capital dans leurs opérations, à abaisser le prix de leurs services et à les multiplier si elles veulent plus de bénéfices ;

De rendre à chacun sa fonction, d'éviter ainsi toute confusion fâcheuse entre l'Etat et les particuliers ;

De constituer le droit gouvernemental d'émission en le rendant supérieur à celui que possède la Banque de France par son privilége.

De permettre, par des émissions privées, l'emploi de petites coupures monnaie fiduciaire de second ordre, en tous points semblables au billet de banque actuel ne portant pas intérêt, sans avoir à craindre des excès, la force des choses et la concurrence se chargeant de les limiter naturellement ;

De donner, par ces petites coupures, une plus grande étendue et plus de facilité à la circulation, par suite plus de puissance ;

De joindre, par le billet à rentes, la force du Placement à celle de la Circulation ;

D'établir sur ce terrain commun une union entre toutes les banques et les institutions diverses ;

Enfin, de donner le moyen de maîtriser la loi de l'offre et de la demande en matière de capitaux, par suite, d'en diminuer le loyer par leur multiplication et par le mouvement imprimé à une grande partie de la Dette publique.

La conséquence financière serait :

Que le 3 0/0, seul fonds public coté et variable, vaudrait bientôt, aux yeux de tous, 82,40, puisqu'il serait continuellement affirmé sous forme de 3,65 à 100 fr. par les puissances financières ; qu'il circulerait à 100 fr., habituant ainsi tout le monde à un intérêt moyen de 3,65 0/0 ; qu'il serait recherché, sous cette forme, par toute personne ayant besoin d'un fonds de roulement et pouvant se livrer à un mouvement de circulation ; échangé en type circulant par ceux qui, préférant un placement libre à un placement immobile, profiteraient de la faculté de convertir *rente pour rente* leur 3 en 3,65. Tout banquier, tout industriel possédant du 3 0/0 en portefeuille voudrait, pour profiter de la force de la circulation, l'avoir en 3,65, pour saisir, par ce moyen, des occasions qu'il est obligé aujourd'hui de laisser passer, à moins d'aller, peut-être, vendre à perte son fonds d'État immobile. Or, il pourrait certainement compter sur un délai de remboursement, que la force de la circulation lui créerait, parce que, les billets étant vulgarisés et connus, le caractère de fonds public serait général et rendrait secondaire la question de la valeur de l'estampille particulière. — La valeur privée, importante avec un titre commercial qui n'est que papier, n'aurait qu'une influence très-minime sur la valeur d'un papier représentant un fonds public. Elle pourrait disparaître; mais au lieu d'un simple papier, le fonds public resterait, et le porteur aurait toujours dans ses mains un titre sérieux, représentant une chose sérieuse. Aujourd'hui, un billet de banque est gardé, par le fait du crédit de la Banque, plus que ne le serait celui d'une autre banque ayant un crédit inférieur; mais un fonds d'État servant de billet de banque sera toujours beaucoup plus demandé et beaucoup plus gardé, quelle qu'en soit l'estampille, parce que, dans ce cas, pourvu que le négociateur n'ait qu'une valeur de 20 0/0, ces 20 0/0 ajoutés à la valeur intrinsèque du billet fonds public donneraient toute sécurité au porteur pour une liquidation sans perte.

Les diverses mesures que nous avons proposées améliorant les fonds publics; les mouvements de la circulation devant rendre les capitaux plus disponibles et en abaisser le loyer; la chance d'un tirage pour amortissement officiel tous les trois mois et le remboursement d'une somme importante; l'influence de l'amortissement continu par voie d'achat et la raréfaction incessante par ce moyen des titres flottants; le contrôle rigoureux et la publication officielle des résultats obtenus obligeraient les Rentiers à avouer la confiance qu'ils possèdent, mais qu'ils ne veulent pas montrer, de peur de payer plus cher les placements et d'avoir moins de revenus. Mais, comme les placements deviendraient de plus en plus difficiles et chanceux, ils seraient amenés à prendre de la Rente à 82,40, puisqu'ils n'en veulent pas à 68 et au-dessous.

Quant aux avantages généraux,

Pour l'Etat :

Le Crédit public est affirmé et constitué sur des bases bien plus larges, puisqu'il est installé sur une force sociale, la Circulation, devenant ainsi créancière pour des sommes incalculables. Le titre d'Etat sert d'étalon de valeur à base de jouissance. Il circule partout sous forme de monnaie fiduciaire, sans cours forcé, remboursable à vue et au porteur.

Pour les Banques :

Une augmentation dans le temps que met en moyenne un billet à se présenter au remboursement, par suite, la nécessité d'un encaisse moins considérable.

A crédit égal, un billet à rentes d'Etat et les petites coupures atteignant un plus grand nombre de transactions resteront certainement bien plus longtemps circulants que des billets de banque établis sur les bases actuelles.

Pour le particulier :

Un moyen de convertir son coffre-fort en banque de dépôt à intérêt supérieur à celui que peut donner un banquier quelconque ; d'avoir donc son argent productif au repos.

Pour les négociateurs de titres mixtes ;

Un bénéfice dans la négociation par le fait de la conversion de ces titres mixtes en titres d'Etat.

L'ensemble de toutes les mesures que nous avons exposées serait appliqué par la Caisse d'émission et d'amortissement qui unirait l'Etat et les particuliers, tout en les maintenant dans leurs fonctions respectives, en matière de circulation et de placement.

La confusion actuelle avait été aperçue par sir Robert Peel qui dans l'acte de 1844 avait cherché à y remédier en séparant l'Émission de l'Escompte ; mais admettant le privilége, d'une part, et établissant une restriction de contrôle et de surveillance absolue, de l'autre, il est arrivé à une confusion bien plus grande et à gêner la liberté de la Banque au point de l'étouffer par les limites qu'il lui a imposées. Il en est résulté une situation déplorable dont nous ressentons le contre-coup qui rendrait la Banque d'Angleterre impossible, s'il n'existait en dehors d'elle des institutions privées qui la complètent.

Les sociétés anonymes qui, d'après nos propositions, seraient tenues de faire le service du 3, 65 0/0 sont affirmées par l'État au moyen de l'autorisation. Pourquoi en retour n'affirmeraient-elles pas son papier? Les banques prennent à leurs risques du papier particulier, et s'engagent à rembourser les équivalents qu'elles donnent en échange. La qualité de l'État vaut bien les trois signatures qu'exige la Banque et les deux que demande le Comptoir d'escompte. Les obligations communales du Crédit Foncier sont dispensées de l'hypothèque que l'on reçoit en échange des obligations foncières; il y a dans ce fait reconnaissance de supériorité d'un engagement de ville sur un engagement de personne. Si l'on reconnaît que l'engagement d'une ville vaut une garantie hypothécaire, l'on doit reconnaître, à bien plus forte raison, que la signature de l'État vaut trois signatures sans hypothèque.

Quant à la question de savoir s'il y a abus à obliger des sociétés collectives à devenir forcément créancières de l'Etat, nous croyons avoir surabondamment prouvé qu'il n'y a là qu'échange de services, et que si, par une autorisation, il leur donne l'existence, elles peuvent bien affirmer son papier et le prendre pour débiteur. L'on admet le droit de l'État d'obliger la Banque de France à être sa créancière pour la moitié de son capital sans faculté de négociation de sa part; cela gêne sa liberté d'action. La position que nous ferions à ces sociétés serait bien plus avantageuse, et la

Banque en profiterait la première en pouvant négocier et faire circuler cette créance, sans frais, comme elle négocie ses billets.

Nous n'avons pas besoin d'insister sur la quantité de capital à exiger des banques, nous croyons avoir prouvé que, par la nature de leurs opérations, elles peuvent l'employer ainsi en entier; leur laissant toutefois une certaine latitude pour organiser leur service de remboursement. Instruments de circulation, elles sont, en effet, plus aptes que toute autre institution à appliquer et à vulgariser ce système.

Il ne nous reste plus maintenant qu'à indiquer rapidement les conséquences générales que nous entrevoyons.

Elles sont de trois ordres. — Administratives et politiques, économiques et financières, et, enfin, sociales.

Administratives et politiques en ce que,

Elles aboutissent à la séparation absolue des attributions gouvernementales et particulières en matière économique.

Elles donnent à l'Etat l'institution générale de la monnaie fiduciaire de premier ordre.

Elles permettent la liberté des banques, et les unissent entre elles sur le titre d'Etat dont elles se font le soutien aux yeux de tous. Sans gêner la liberté particulière de personne, chacun peut faire ses affaires, et il n'a pas à craindre qu'une ingérance administrative vienne troubler ses calculs, ses décisions et ses actes.

Elles installent le Crédit public général.

Elles aboutissent à l'extinction de la Dette publique.

Les conséquences financières, indépendamment du bénéfice général que l'Etat doit en retirer, par ses amortissements combinés et l'extinction consécutive de sa dette, seront :

Une hausse sérieuse et durable de la Rente, et, par conséquent, de toutes les valeurs de placement fondues en elle.

Par suite, une augmentation dans les valeurs d'entreprise, une diminution dans le prix du loyer des capitaux, donc une augmentation dans celui du travail.

Quant aux banques et aux autres institutions de crédit et de circulation ; si, économiquement, il est prouvé que l'introduction des mécanismes fiduciaires rend le numéraire disponible en quantité correspondante à l'importance de la monnaie fiduciaire introduite, il est évident qu'une amélioration dans les mécanismes fiduciaires augmentera encore la quantité de numéraire disponible ; que, par conséquent, la proportion entre les encaisses et les émissions de billets permettra une réduction de l'encaisse ; que, dès lors, les crises financières seront atténuées et que les crises monétaires deviendront moins à craindre et d'une périodicité moins fréquente ; que la fixité de l'escompte pourra être plus facilement obtenue.

La répartition plus générale par la liberté des institutions de diverses natures concourant à la fonction de circulation soit par elles-mêmes, soit par intermédiaires, poussera chacun de ces établissements à faire tous les efforts nécessaires pour atténuer les effets des crises qui surviendraient. La concurrence les obligera, en effet, à prendre toutes les mesures indiquées par la situation, au lieu de s'endormir dans la quiétude que l'augmentation d'escompte procure à la Banque, puisqu'elle a le moyen de gagner en cherté de prix ce qu'elle perd en quantité d'affaires.

La faculté donnée par la proportion diminuée des encaisses et par l'augmentation de la puissance de la circulation, rendra les crises à peine sensibles, lorsqu'elles ne seront que simplement monétaires. Dans le cas d'une crise véritable déterminée par une calamité, comme un manque de récolte, la partie de la monnaie fiduciaire passée dans le placement viendra concourir et aidera à traverser le mauvais moment en augmentant la monnaie circulante et donnant à ceux entre les mains desquels elle passera un point de repos plus certain que le simple morceau de papier de la Banque.

Pour l'examen du bénéfice de l'État, nous n'avons pas à y revenir.

Mais les bénéfices sociaux qui découleront de l'ensemble de ces mesures seront considérables.

En effet, si la Rente monte — Or, nous croyons qu'il n'est pas contestable que les modifications proposées aient un autre résultat que la hausse de la Rente, puisqu'elle sera de beaucoup améliorée dans ses conditions d'existence, — les autres valeurs de placement étant pour la plupart fondues en elle, monteront avec elle; mais les valeurs indépendantes auront aussi leur mouvement d'impulsion qui tendra à les en faire rapprocher. Dès lors nous verrons dans les valeurs fixes une capitalisation nouvelle avec abaissement de l'intérêt.

Les valeurs à revenu fixe donnant au placement un intérêt moins fort, les entrepreneurs privés ou collectifs auront en négociant leurs emprunts des rentrées plus importantes, par suite moins de charges à supporter, plus de ressources et plus de bénéfices. Les travailleurs seront donc plus facilement amenés à entreprendre, et bien des établissements utiles, mais impossibles aujourd'hui, pourront être plus aisément fondés et porter leurs fruits.

Le travail ayant moins à payer au capitaliste, puisque le loyer des capitaux sera moins cher, aura les mains plus libres et verra son influence s'accroître en ayant sa participation plus rémunérée.

Alors se réaliseront ces belles paroles de Laffitte :
« L'homme qui vit sur une œuvre passée doit de« venir continuellement plus pauvre, parce que le « temps le transporte, avec la richesse d'autrefois, au « milieu d'une richesse toujours croissante et toujours « plus disproportionnée à la sienne. A défaut de « travail, il n'y a qu'un moyen de se soutenir au ni« veau des valeurs actuelles, c'est de diminuer les con« sommations. Il faut ou travailler ou se réduire. Le

« capitaliste a le rôle de l'oisif, sa peine doit être « l'économie, et elle n'est pas trop sévère. Tel est le « principe à l'égard du capitaliste..... Les possesseurs « de capitaux doivent subir des sacrifices continuels en « faveur de ceux qui les emploient, et ils ont dû en « subir de plus grands depuis le développement de « la richesse arrivé dans les trente dernières années. »

A mesure que le temps marche, la réalisation croissante des prévisions que nous venons de rapporter les élève de plus en plus à la hauteur de prophétie.

Oui, le capital oisif doit voir de jour en jour sa prépondérance décroître et le capital travailleur doit sans cesse trouver une rémunération grandissante. C'est la loi sociale, c'est le progrès vers lequel doivent tendre tous nos efforts.

Il existe, en effet, des capitaux bien distincts;

Le capital ancien, l'accumulation;

Le capital présent, le travail;

Le capital futur, celui dont nous préparons la réalisation pour nos enfants, dont nous posons les jalons par nos études et nos projets, dont nous jetons les bases par nos établissements à long terme.

Faut-il que le capital présent et le capital futur soient subordonnés au capital passé et qu'ils soient annulés et écrasés par son influence? Nous ne le pensons pas et nous ne voulons pas le penser.

Nous vivons par les morts; personne plus que nous n'est prêt à le reconnaître. Ce qui le prouve, ce sont ces immenses agglomérations de toute sorte que nous ont laissées les générations disparues. Cette puissance que les civilisations nous ont léguée n'est autre chose que la condensation sur notre tête de tous les travaux de nos pères; c'est par elle et par conséquent par eux que nous sommes ce que nous sommes. Sans eux, nous serions à l'état sauvage et quelques grandes qu'aient été leurs erreurs et leurs fautes, quelques lourdes que soient les charges qu'il nous ont transmises, acceptons tout, car leurs bienfaits sont encore bien plus nombreux.

Mais après l'acceptation de tous les engagements qu'ils nous ont laissés, et la reconnaissance que nous leur devons pour les dons qu'ils nous ont légués, sommes-nous encore liés vis-à-vis d'eux et notre devoir est-il de subir entièrement leur influence sans chercher à nous en dégager? N'avons-nous pas une autre tâche à remplir? Ne nous devons-nous rien à nous-mêmes? Ne devons-nous rien aux générations futures? Faut-il, pour ne pas diminuer le pouvoir du passé sur nous, abandonner le présent et ne rien préparer pour l'avenir? Ce serait, outrepassant certains devoirs, manquer à d'autres plus importants.

Le mort saisit le vif, dit énergiquement le droit, nous l'admettons; mais, dans son étreinte, le mort doit-il être assez puissant pour rendre le vif immobile; nous ne l'admettons pas. Si la loi nous accorde un âge de majorité vis-à-vis de nos pères vivants, la morale même la plus sévère ne peut enlever à une génération un droit d'émancipation vis-à-vis des aïeux disparus. Pourquoi donc nous auraient-ils légué, si leur legs même était un empêchement à notre travail et à nos efforts, si nous ne pouvions jouir, conserver et agrandir leurs œuvres et les transmettre augmentées des nôtres aux générations à venir? et s'ils ont pensé à nous qui sommes venus après eux, pourquoi ne penserions-nous pas à ceux qui viendront après nous.

Ayons pour leur mémoire une vénération et un culte sans limites; mais dans la saisine légale, nous pouvons sans scrupule, ne voir pour nous que l'acceptation légale des charges qu'il nous ont léguées, qu'ils ont peut-être assumées en pensant et en agissant pour nous, avec néanmoins notre droit entier de les rendre moins onéreuses et de les éteindre sans léser personne.

Que les possesseurs et les représentants du passé, investis de la puissance accumulée, n'aient pas le droit, entravant les travailleurs de toute sorte, de leur refuser les moyens de faire fructifier le présent et de songer aux générations futures, en leur préparant l'avenir et en applanissant sur leur route les difficultés qu'elles pourraient rencontrer.

Que l'État, conservateur des grandes traditions et de la loyauté générale, directeur des forces vives existantes et grand initiateur du progrès, prenne, dans le présent, non-seulement toutes les mesures tendant à faire respecter tous les droits; mais, aussi et surtout, qu'il fonde et encourage tout ce qui pourra amoindrir l'oisiveté improductive et augmenter le travail fécondant.

CLICHY. — Imprimerie MAURICE LOIGNON et comp.,
Rue du Bac-d'Asnières, 12.